JN447075

EASY ICHIBAN いちばん 일본어

저자 박나리, 김선혜, 김선리, 田立いずみ
감수 김조웅

초급 3

시작하는 글

요즘 학습자들은 콩글리시를 구사하기 싫어하듯이 코패니즈(바르지 못한 일본어) 또한 구사하기 싫어하며 모두가 세련되고 정확한 일본어를 구사하고 싶어한다. 또 잠깐 가는 일본여행에서도 다른 사람의 도움없이 본인 스스로가 일본 사람들과 직접 부딪히며 여행을 즐기고, 자막없이 일본 드라마를 보고, 한국으로 놀러 온 일본 여행객들에게 길 안내를 해 주고 싶어하는 등 모험을 즐길 줄 아는 참으로 대담하고 똑똑한 학습자들이다.

하지만 지금까지 출간된 초급 교재들은 아무리 똑똑한 학습자들도 2개월까지 배우고 나면 그 이후의 내용이 갑자기 어려워지거나 혼란스러워져서 학습 의욕이 떨어지거나 포기하는 경우도 종종 볼 수 있다.

그래서 이 책은 2개월을 넘어 기초 단계가 끝나는 4개월 차까지 자연스럽고 재미있게 학습 할 수 있도록 난이도를 조절하였으며 다양한 콘텐츠를 이용해서 구성하였다.

그리고 지금까지 출간된 책들과는 다르게 [핵심포인트] 에서 배울 학습 내용을 미리 제시하고 제시된 문형을 [문형 연습] 에서 익힌 후, [체크 포인트] 에서 익힌 문형을 문제로 바로 풀어보고, [회화 체크]에서 회화로 연습한 뒤, [회화문]에서 마무리 확인을 할 수 있도록 만들었으며 한자, 독해, 듣기, 쓰기 등 모든 학습이 조화롭게 이루어질 수 있도록 하였다.

학습자뿐 아니라 가르치는 교사 입장에서도 실제로 수업에서 가르치는 순서대로 책의 내용을 구성하였기 때문에 불필요한 시간을 줄이고 우수한 제자를 배출하는 것에 집중할 수 있도록 구성하였다. 즉, 어떤 내용을 어떤 순서로 가르치고 학습하느냐에 따라서 학습자들의 실력이 좌우되기 때문이다.

이 책을 통해 학습자와 교사 모두가 쉽고 재미있게 학습하여 중급코스까지 이어나가길 간절히 바란다.

끝으로 이 책을 출간하기까지 많은 영감을 주신 시사 일본어사 엄호열 회장님과 편집부에 감사의 마음을 전한다.

저자 일동

본 교재의 구성과 특징

1 핵심 포인트

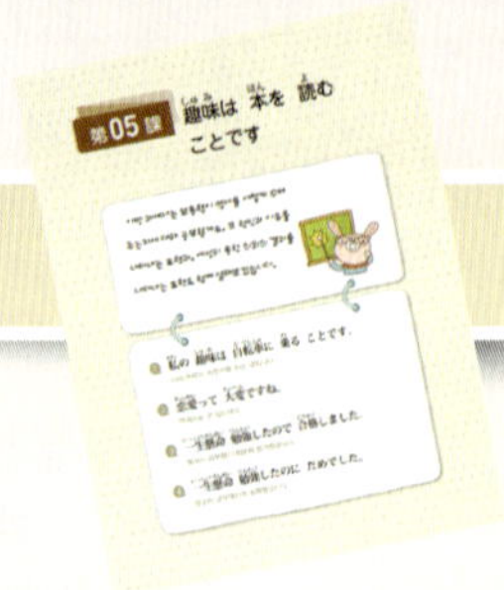

각 과에서 무엇을 배우고 익혀야 하는지 미리 제시하여 이해할 수 있게 하였습니다.

2 문형 연습

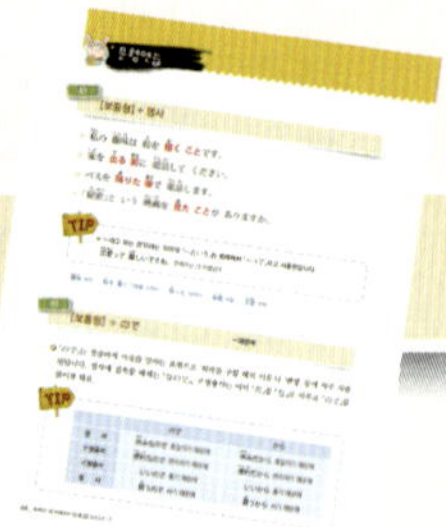

핵심 포인트에서 알아 본 문형을 자세한 설명과 다양한 예문을 통해 쉽게 익힐 수 있도록 하였습니다.

3 체크 포인트

문형연습에서 학습한 문법을 다양한 문제를 통해 확인할 수 있게 하였습니다. 문제의 난이도는 3단계로 나누어 구성하여 쉬운 문제부터 풀면서 일본어에 자신감이 붙을 수 있도록 하였습니다.

4 회화 체크

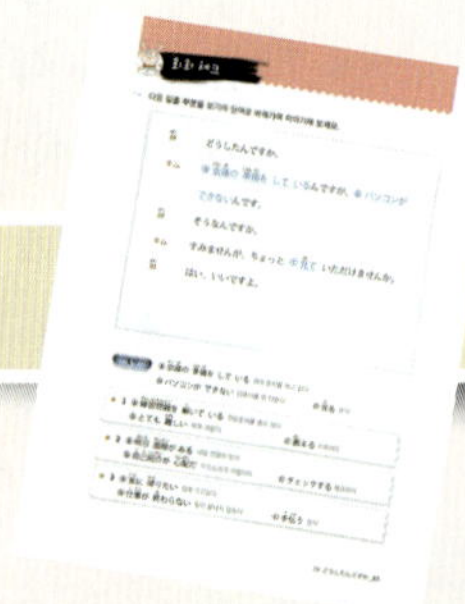

문형 연습에서 학습한 문형을 이용해서 대화문을 만들어 보는 연습을 할 수 있게 하였습니다. 학습자들은 이 연습을 통해 앞에서 배운 문형이 대화에서 어떻게 응용되는지 익힐 수 있게 됩니다.

5 회화 본문

학생과 회사원, 남자와 여자 등의 등장인물을 통해 회화문의 내용을 보다 실생활에 밀접한 내용들로 다양하게 구성하였으며, 회화 본문을 다시 한번 천천히 들으며 따라 읽도록 하는 훈련을 통해 자신감 향상과 더불어 실전에 응용할 수 있도록 하였습니다.

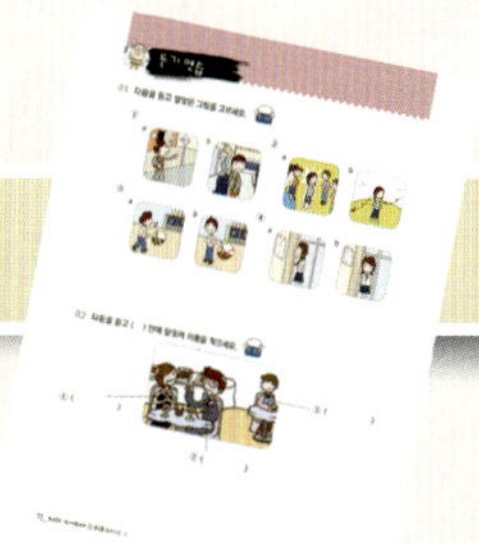

6 듣기 연습

각종 시험에서도 듣기 평가가 강조되고 있는 추세에 맞추어 각 과에 듣기 평가 문제를 수록하였습니다. 문제의 구성은 들으면서 즉시 응답할 수 있는 문제와 전체 내용을 파악한 후 O, X로 답해 보는 문제, 들으면서 문장을 적어 보는 연습 등 다양하게 구성하여 듣기와 쓰기 연습을 함께 할 수 있게 하였습니다.

7 단어 총정리

각 파트에서 나온 단어를 한 페이지에 정리하여 학습자들이 한눈에 보며 암기하면서 듣고 말할 수 있도록 만들었습니다.

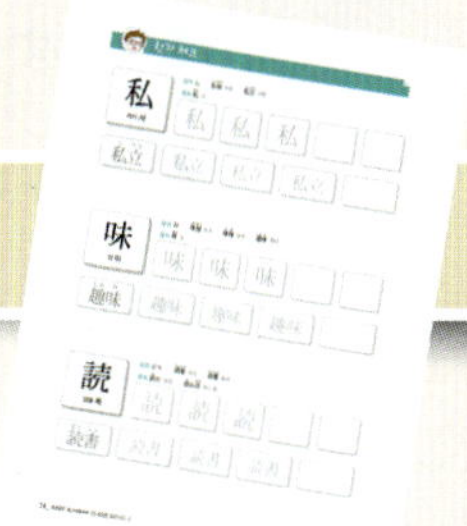

8 한자 체크

간판과 광고, 잡지 등 일상생활에서 흔히 볼 수 있는 한자를 통해 자연스럽게 학습할 수 있도록 하였으며 쓰기란을 두어 한자를 바르게 쓸 수 있는 연습을 할 수 있게 하였습니다.

✲독해 및 그림 회화 연습 코너를 통해 다양한 방식으로 지금까지 학습한 내용을 이용해서 말해 보는 연습을 할 수 있도록 하였습니다.

차례

모두 즐거운 마음으로 1과부터
시작해 봐요!

第01課 日本(にほん)の 歌(うた)が 歌(うた)えますか

이번 과에서는 가능 표현에 대해 알아볼게요. 일본어의 가능을 표현하는 방법은 두 가지가 있답니다.

그럼, 핵심포인트를 살펴볼까요?

1. カタカナを 書(か)く ことが できます。
   가타카나를 쓸 수 있습니다.

2. カタカナを 書(か)く ことが できません。
   가타카나를 쓸 수 없습니다.

3. 日本(にほん)の 漢字(かんじ)が 少(すこ)し 読(よ)めます。
   일본 한자를 조금 읽을 수 있습니다.

4. 日本(にほん)の 漢字(かんじ)が 少(すこ)しも 読(よ)めません。
   일본 한자를 조금도 읽지 못합니다.

문형연습

01

[동사의 기본형] + ことが できます ~할 수 있습니다
ことが できません ~할 수 없습니다

▷ 海(うみ)で 泳(およ)ぐ ことが できます。

▷ 私(わたし)は フランス語(ご)を 話(はな)す ことが できます。

▷ この マンションでは ペットを 飼(か)う ことが できません。

海(うみ) 바다　泳(およ)ぐ 헤엄치다　フランス語(ご) 프랑스어

02

[동사의 가능형]

	활용방법	기본형	가능형
1그룹	끝음인 [u]단을 [e]단으로 바꾼 후「る」를 붙인다	会(あ)う 만나다 待(ま)つ 기다리다 帰(かえ)る (집으로)돌아가(오)다 飲(の)む 마시다 遊(あそ)ぶ 놀다 書(か)く 쓰다 泳(およ)ぐ 헤엄치다 話(はな)す 이야기하다	会(あ)える 만날 수 있다 待(ま)てる 기다릴 수 있다 帰(かえ)れる (집으로)돌아갈(올) 수 있다 飲(の)める 마실 수 있다 遊(あそ)べる 놀 수 있다 書(か)ける 쓸 수 있다 泳(およ)げる 헤엄칠 수 있다 話(はな)せる 이야기 할 수 있다
2그룹	「る」를 떼고「られる」를 붙인다	見(み)る 보다 食(た)べる 먹다	見(み)られる 볼 수 있다 食(た)べられる 먹을 수 있다
3그룹	2개뿐이니까 외워요	来(く)る 오다 する 하다	来(こ)られる 올 수 있다 できる 할 수 있다

▷ 私(わたし)は ケーキが **焼(や)けます**。

▷ 私(わたし)は 海(うみ)で **泳(およ)げません**。

▷ 田中(たなか)さんは ピアノが **ひけます**。

▷ 今(いま)、ソウル美術館(びじゅつかん)で 浮世絵(うきよえ)が **見(み)られます**。

焼(や)く 굽다　ピアノを ひく 피아노를 치다　美術館(びじゅつかん) 미술관　浮世絵(うきよえ) 에도시대의 풍속화

체크 포인트

01 그림을 보고 편의점에서 할 수 있는 일을 설명하세요.

예

おにぎりを 買(か)う

→ コンビニで おにぎりを 買(か)う ことが できます。

① お金(かね)を 下(お)ろす

→ ＿＿＿＿＿＿＿＿＿＿＿＿＿＿＿＿＿＿＿＿。

② コピーを する

→ ＿＿＿＿＿＿＿＿＿＿＿＿＿＿＿＿＿＿＿＿。

③ 宅配便(たくはいびん)を 送(おく)る

→ ＿＿＿＿＿＿＿＿＿＿＿＿＿＿＿＿＿＿＿＿。

④ 雑誌(ざっし)を 読(よ)む

→ ＿＿＿＿＿＿＿＿＿＿＿＿＿＿＿＿＿＿＿＿。

おにぎり 삼각김밥　　お金(かね)を 下(お)ろす 돈을 인출하다　　コピー 카피, 복사　　宅配便(たくはいびん) 택배

02 다음 그림을 보고 예와 같이 문장을 만들어 보세요.

예

おいしいです / 全部(ぜんぶ) 食(た)べる

→ おいしいですから 全部(ぜんぶ) 食(た)べられます。

① この 話(はなし)は 秘密(ひみつ)です / 話(はな)す

→ ______________________________。

② この 漢字(かんじ)は やさしいです / 読(よ)む

→ ______________________________。

③ 恋人(こいびと)が 日本(にほん)に います / 会(あ)う

→ ______________________________。

④ 風邪(かぜ)を ひきました / お風呂(ふろ)に 入(はい)る

→ ______________________________。

⑤ この 料理(りょうり)は 簡単(かんたん)です / 作(つく)る

→ ______________________________。

秘密(ひみつ) 비밀　漢字(かんじ) 한자　お風呂(ふろ)に 入(はい)る 목욕을 하다　簡単(かんたん)だ 간단하다

회화 체크

●● 다음 밑줄 부분을 보기의 단어로 바꿔가며 이야기해 보세요.

01

イ　　キムさんは ⓐ 日本語(にほんご)を 読(よ)む ことが できますか。

キム　はい、ⓐ 読(よ)めます。

イ　　ⓑ 漢字(かんじ)を 書(か)く ことも できますか。

キム　上手(じょうず)じゃ ありませんが、少(すこ)し ⓑ 書(か)けます。

イ　　うらやましいですね。私(わたし)は 何(なに)も できません。

보기 ⓐ 日本語(にほんご)を 読(よ)む 일본어를 읽다 ⓑ 漢字(かんじ)を 書(か)く 한자를 쓰다

1 ⓐ 泳(およ)ぐ 헤엄치다, 수영하다
ⓑ ダイビングを する 다이빙을 하다

2 ⓐ 自転車(じてんしゃ)に 乗(の)る 자전거를 타다
ⓑ 車(くるま)を 運転(うんてん)する 자동차를 운전하다

3 ⓐ 英語(えいご)で チャットを する 영어로 채팅을 하다
ⓑ 英語(えいご)で 話(はな)す 영어로 말하다

박유리가 다나카에게 노래방에 가자고 권하고 있습니다.

회화

日本(にほん)の 歌(うた)が 歌(うた)えますか 02

パク　田中(たなか)さん！ 今度(こんど) みんなで カラオケに 行(い)きませんか。

田中　あ！ それ、いいですね。

パク　田中(たなか)さんは 得意(とくい)な 歌(うた)が ありますか。

田中　もちろん ありますよ。ゆりさんは 日本(にほん)の 歌(うた)が 歌(うた)えますか。

パク　はい。私(わたし)は 日本(にほん)の 歌(うた)が 大好(だいす)きです。

田中　そうですか。私(わたし)は まだ 韓国(かんこく)の 歌(うた)が 一曲(いっきょく)も 歌(うた)えませんが…。

パク　じゃ、私(わたし)が 一曲(いっきょく) 教(おし)えましょうか。

田中　はい、お願(ねが)いします。ゆり先生(せんせい)！

단어

カラオケ 노래방　得意(とくい)だ 잘하다, 능숙하다, 자신있다
もちろん 물론　歌(うた)う 노래부르다　まだ 아직　一曲(いっきょく) 한 곡
~も ~도　教(おし)える 가르치다

듣기 연습

01 다음을 듣고 알맞은 것끼리 연결하세요. 03

① 林(はやし)さん ・ ・ a 

② イさん ・ ・ b 

③ パクさん ・ ・ c 

④ 田中(たなか)さん ・ ・ d 

02 다음을 듣고 알맞은 것을 고르세요. 04

① キムさんは 海(うみ)で 泳(およ)げます。

② キムさんは 料理(りょうり)が できません。

③ キムさんは 上手(じょうず)に 写真(しゃしん)が 撮(と)れます。

단어 총정리

문형연습 05

- [ ] 海(うみ) 바다
- [ ] 泳(およ)ぐ 헤엄치다
- [ ] フランス語(ご) 프랑스어
- [ ] 焼(や)く 굽다
- [ ] ピアノを ひく 피아노를 치다
- [ ] 美術館(びじゅつかん) 미술관
- [ ] 浮世絵(うきよえ) 에도시대의 풍속화

체크 포인트 06

- [ ] おにぎり 삼각김밥
- [ ] お金(かね)を 下(お)ろす 돈을 인출하다
- [ ] コピー 카피, 복사
- [ ] 宅配便(たくはいびん) 택배
- [ ] 秘密(ひみつ) 비밀
- [ ] 漢字(かんじ) 한자
- [ ] お風呂(ふろ)に 入(はい)る 목욕을 하다(관용구)
- [ ] 簡単(かんたん)だ 간단하다

회화 체크 07

- [ ] うらやましい 부럽다
- [ ] チャットを する 채팅을 하다

회화 본문 08

- [ ] カラオケ 노래방
- [ ] 得意(とくい)だ 잘하다, 능숙하다, 자신있다
- [ ] もちろん 물론
- [ ] 歌(うた)う 노래부르다
- [ ] まだ 아직
- [ ] 一曲(いっきょく) 한 곡
- [ ] ～も ～도
- [ ] 教(おし)える 가르치다

듣기 연습 09

- [ ] 髪(かみ) 머리카락
- [ ] 切(き)る 자르다

한자 체크

教
가르칠 교

음독 きょう　教育(きょういく) 교육　教科書(きょうかしょ) 교과서

훈독 教(おし)える 가르치다

教　教　教

教育(きょういく)　教育　教育

教科書(きょうかしょ)　教科書　教科書

歌
노래 가

음독 か　歌手(かしゅ) 가수

훈독 歌(うた) 노래　歌(うた)う 노래 부르다

歌　歌　歌

歌手(かしゅ)　歌手　歌手

今
이제 금

음독 こん　今度(こんど) 이번, 이 다음

훈독 いま　今(いま) 지금

今　今　今

今度(こんど)　今度　今度

第02課 パクゆりの 日記(にっき)

이번 과에서는 명사, 형용사, 동사의 보통형을 만드는 방법에 대해 공부할게요.

그럼, 오늘의 핵심 포인트를 살펴볼까요?

1. 今日(きょう)は 日曜日(にちようび)だ。
   오늘은 일요일이다.

2. この 頃(ごろ) あまり 寒(さむ)く ない。
   요즘 별로 춥지 않다.

3. 私(わたし)は 昨日(きのう) 友達(ともだち)に 会(あ)った。
   나는 어제 친구를 만났다.

4. デパートに 行(い)って 何(なに)も 買(か)わなかった。
   백화점에 가서 아무것도 사지 않았다.

문형연습

우리는 지금까지 정중형(~です・ます)을 중심으로 공부를 해 왔는데요, 일본어에도 한국어와 마찬가지로 존댓말(정중형)과 반말(보통형)이 있어요. 신문이나 일기 등을 작성할 때, 또는 친한 친구 사이에서는 주로 보통형을 사용하죠? 그럼, 보통형 만드는 법을 함께 살펴봅시다.

01 [보통형 (비과거)]

		긍정		부정	
		정중형	보통형	정중형	보통형
명사		雨(あめ)です 비입니다	雨(あめ)だ 비다	雨(あめ)じゃ ありません 비가 아닙니다	雨(あめ)じゃ ない 비가 아니다
ナ형용사		暇(ひま)です 한가합니다	暇(ひま)だ 한가하다	暇(ひま)じゃ ありません 한가하지 않습니다	暇(ひま)じゃ ない 한가하지 않다
イ형용사		寒(さむ)いです 춥습니다	寒(さむ)い 춥다	寒(さむ)く ありません 춥지 않습니다	寒(さむ)く ない 춥지 않다
동사	1그룹	会(あ)います 만납니다	会(あ)う 만나다	会(あ)いません 만나지 않습니다	会(あ)わない 만나지 않다
	2그룹	寝(ね)ます 잡니다	寝(ね)る 자다	寝(ね)ません 자지 않습니다	寝(ね)ない 자지 않다
	3그룹	来(き)ます 옵니다	来(く)る 오다	来(き)ません 오지 않습니다	来(こ)ない 오지 않다

02 [보통형 (과거)]

		긍정		부정	
		정중형	보통형	정중형	보통형
명사		雨(あめ)でした 비였습니다	雨(あめ)だった 비였다	雨(あめ)じゃ ありませんでした 비가 아니었습니다	雨(あめ)じゃ なかった 비가 아니었다
ナ형용사		暇(ひま)でした 한가했습니다	暇(ひま)だった 한가했다	暇(ひま)じゃ ありませんでした 한가하지 않았습니다	暇(ひま)じゃ なかった 한가하지 않았다
イ형용사		寒(さむ)かったです 추웠습니다	寒(さむ)かった 추웠다	寒(さむ)く ありませんでした 춥지 않았습니다	寒(さむ)く なかった 춥지 않았다
동사	1그룹	会(あ)いました 만났습니다	会(あ)った 만났다	会(あ)いませんでした 만나지 않았습니다	会(あ)わなかった 만나지 않았다
	2그룹	寝(ね)ました 잤습니다	寝(ね)た 잤다	寝(ね)ませんでした 자지 않았습니다	寝(ね)なかった 자지 않았다
	3그룹	来(き)ました 왔습니다	来(き)た 왔다	来(き)ませんでした 오지 않았습니다	来(こ)なかった 오지 않았다

문형연습

03 [보통형의 회화]

- 보통형 회화에서는 의문문의 종조사 「か」를 사용하지 않고 말 끝을 올리면서 의문문임을 나타내요. 「はい / いいえ」는 보통체에서는 「うん / ううん」로 표현한답니다.

▷ A 今日(きょう) 学校(がっこう)に 行(い)く？ (↗)

B 行(い)く。 (↘)

▷ A 昨日(きのう)の テストは 難(むずか)しかった？ (↗)

B ううん。難(むずか)しく なかったよ。 (↘)

- 명사 / ナ형용사 보통형의 긍정형 단어 끝에 오는 「だ」는 생략되기 쉬워요. 의문문에서는 반드시 생략된답니다.

▷ A キムさんは 学生(がくせい)？

B_1 うん。学生(がくせい)。

B_2 うん。学生(がくせい)だよ。

체크 포인트

01 보통형으로 바꾸세요.

예 先生(せんせい)です	先生(せんせい)だ	先生(せんせい)だった	先生(せんせい)じゃない	先生(せんせい)じゃなかった
好(す)きです				
きれいです				
かわいいです				
よい/いいです				
行(い)きます				
あります				
飲(の)みます				
います				
します				
来(き)ます				

02 다음 문장을 보통형으로 바꾸고 질문과 대답을 해보세요.

예
A キムさんは 学生(がくせい)ですか。→ キムさんは 学生(がくせい)？
B1 はい、学生(がくせい)です。→ うん。学生(がくせい)(だよ)。
B2 いいえ、学生(がくせい)じゃ ありません。→ ううん。学生じゃ ない。

① A ムンさん、今(いま) 忙(いそが)しいですか。

→ ＿＿＿＿＿＿＿＿＿＿＿＿＿＿＿＿＿＿＿＿？

B いいえ、忙(いそが)しく ありません。暇(ひま)です。

→ ＿＿＿＿＿＿＿＿＿＿＿＿＿＿＿＿＿＿＿＿。

체크 포인트

② A キムさんの 部屋(へや)は きれいですか。

→ ______________________________ ?

B いいえ、あまり きれいじゃ ありません。

→ ______________________________ 。

③ A 日本語(にほんご)の 勉強(べんきょう)は おもしろいですか。

→ ______________________________ ?

B はい、とても おもしろいです。

→ ______________________________ 。

④ A 夏休(なつやす)みに 遊(あそ)びに 来(き)ませんか。

→ ______________________________ ?

B はい、行(い)きたいです。

→ ______________________________ 。

⑤ A 昨日(きのう)、何(なに)を しましたか。

→ ______________________________ ?

B 音楽(おんがく)を 聞(き)いたり 本(ほん)を 読(よ)んだり しました。

→ ______________________________ 。

夏休(なつやす)み 여름방학　　音楽(おんがく) 음악

회화 체크

•• 다음 밑줄 부분을 보기의 단어로 바꿔가며 이야기해 보세요. 10

田中(たなか)　今(いま) 何(なに)して いる？

林(はやし)　ⓐ デパートで ショッピングを して いる。

田中(たなか)　ⓑ 財布(さいふ)は 買(か)った？

林(はやし)　うん、ⓑ 買(か)ったよ。とても ⓒ 安(やす)かった。

田中(たなか)　明日(あした)も ⓓ 買(か)い物(もの)に 行(い)く？

林(はやし)　ううん、ⓓ 行(い)かない。

보기
ⓐ デパートで ショッピングを する 백화점에서 쇼핑을 하다
ⓑ 財布(さいふ)を 買(か)う 지갑을 사다　ⓒ 安(やす)い 싸다
ⓓ 買(か)い物(もの)に 行(い)く 쇼핑하러 가다

1 ⓐ 友達(ともたち)と ジムで 運動(うんどう)する 친구와 헬스클럽에서 운동하다
ⓑ プールで 泳(およ)ぐ 수영장에서 수영하다　ⓒ 楽(たの)しい 즐겁다
ⓓ ジムに 行(い)く 헬스클럽에 가다

2 ⓐ 図書館(としょかん)で 勉強(べんきょう)する 도서관에서 공부하다　ⓑ ご飯(はん)を 食(た)べる 밥을 먹다
ⓒ おいしい 맛있다　ⓓ 図書館(としょかん)に 行(い)く 도서관에 가다

3 ⓐ 家(いえ)で テレビを 見(み)る 집에서 TV를 보다　ⓑ レポートを 書(か)く 리포트를 쓰다
ⓒ 大変(たいへん)だ 힘들다　ⓓ 家(いえ)に いる 집에 있다

박유리가 일기를 쓰고 있어요.

회화

パクゆりの 日記(にっき) 11

私(わたし)は 日本(にほん)に 行(い)った ことが ある。

3年前(ねんまえ)に 友達(ともだち)と 二人(ふたり)で 行(い)った。

その時(とき)は 私(わたし)も 友達(ともだち)も 日本語(にほんご)が 話(はな)せなくて 大変(たいへん)だった。

でも、日本人(にほんじん)が 親切(しんせつ)で 旅行(りょこう)は とても 楽(たの)しかった。

私(わたし)は 韓国(かんこく)に 帰(かえ)ってきて すぐ 日本語(にほんご)の 勉強(べんきょう)を 始(はじ)めた。

今(いま)は ネイティブクラスで 会話(かいわ)を 習(なら)って いる。

だから 上手(じょうず)じゃ ないけど、ちょっと 話(はな)せる。

一生懸命(いっしょうけんめい) 勉強(べんきょう)して もっと うまく 話(はな)したい。

단어

日記(にっき) 일기　二人(ふたり)で 둘이서　～なくて ~지 않아서

大変(たいへん)だ 힘들다　始(はじ)める 시작하다　習(なら)う 배우다

だから 그렇기 때문에　一生懸命(いっしょうけんめい) 열심히　もっと 더욱 더

うまく 잘

듣기 연습

01 다음을 듣고 언제 몇 시에 어디에서 만나는지 적으세요. 12

________요일 _________시에 ________에서

02 다음 대화를 듣고 맞는 것에는 ○, 틀린 것에는 ×를 하세요. 13

① キョンジュは　とても　きれいだった。　(　　)

② 天気(てんき)が　悪(わる)かった。　(　　)

③ 昼(ひる)は　お寺(てら)を　見(み)に　行(い)った。　(　　)

④ お酒(さけ)は　おいしかったけど、つまみは　おいしく　なかった。　(　　)

단어 총정리

체크 포인트 14

- □ 夏休(なつやす)み 여름방학
- □ 音楽(おんがく) 음악

회화 본문 15

- □ 日記(にっき) 일기
- □ 二人(ふたり)で 둘이서
- □ ～なくて ～지 않아서
- □ 大変(たいへん)だ 힘들다
- □ 始(はじ)める 시작하다
- □ 習(なら)う 배우다
- □ だから 그렇기 때문에
- □ 一生懸命(いっしょうけんめい) 열심히
- □ もっと 더욱 더
- □ うまく 잘

듣기 연습 16

- □ 古(ふる)い 오래되다
- □ 寺(てら) 절
- □ つまみ 안주
- □ 汽車(きしゃ) 기차

한자 체크

年
해 년

음독 ねん　来年(らいねん) 내년

훈독 年(とし) 해, 나이　今年(ことし) 올해　年上(としうえ) 연상

来年(らいねん)

話
말씀 화

음독 わ　電話(でんわ) 전화　会話(かいわ) 회화

훈독 話(はな)す 이야기하다　話(はなし) 이야기

会話(かいわ)

楽
즐거울 락

음독 がく / らく　音楽(おんがく) 음악　楽器(がっき) 악기　気楽(きらく) 홀가분함

훈독 楽(たの)しい 즐겁다

音楽(おんがく)

第03課 彼女(かのじょ)は 結婚(けっこん)して いる そうです

이번 과에서는 자신의 의견이 아닌 외부로부터 얻은 정보를 전달하는 표현 및, 자신의 생각과 추측을 나타내는 표현에 대해서 알아볼게요.

1. 天気予報(てんきよほう)に よると、明日(あした) 雨(あめ)が 降(ふ)る そうです。
   일기예보에 의하면 내일 비가 온다고 합니다.

2. 天気予報(てんきよほう)に よると、明日(あした) 雨(あめ)が 降(ふ)るって。
   일기예보에 의하면 내일 비가 온대.

3. 最近(さいきん)の 物価(ぶっか)は とても 高(たか)いと 思(おも)います。
   요즘 물가는 정말 비싸다고 생각합니다.

문형연습

01 [보통형] + そうです　~라고 합니다(전문)

● 「보통형 + そうです」는 자신의 의견이 아닌 외부에서 얻은 정보를 전달할 때 쓰는 표현이에요.

▷ 新(あたら)しい レストランが できた **そうです**。

▷ これは 日本(にほん)でも とても 人気(にんき)が ある **そうです**。

▷ 天気予報(てんきよほう)に よると、明日(あした)は 晴(は)れる **そうです**。

▷ 林(はやし)さんの 妹(いもうと)さんは かわいい **そうです**。

▷ 新(あたら)しい 部長(ぶちょう)は あまり 親切(しんせつ)じゃ ない **そうです**。

新(あたら)しい 새롭다　できる 생기다　天気予報(てんきよほう) 일기예보　晴(は)れる 맑다, 개다

02 [보통형] + って　~래(전문)

● 친한 사이에서 형식을 갖추지 않고 말을 할 때 전문의 「そうです」 대신 「って」를 사용한답니다.

▷ 田中(たなか)さんは 今日(きょう) 忙(いそが)しい**って**。

▷ A 知(し)って いる？ パクさん 宝(たから)くじに 当(あた)った**って**。
B うん。聞(き)いたよ。百万(ひゃくまん)ウォンも もらえる**って**。

宝(たから)くじ 복권　当(あ)たる 당첨되다

03 [보통형] + と 思います　~라고 생각합니다

보통형 뒤에「~と 思(おも)います」를 붙여서 말하는 사람의 의견이나 추측을 나타내요.

▷ 田中(たなか)さんは 今(いま) となりの 部屋(へや)に いる**と 思(おも)います**。[추측]

▷ A これ、どうですか。

B いい**と 思(おも)います**。[의견]

▷ バスより 地下鉄(ちかてつ)の ほうが 便利(べんり)だ**と 思(おも)います**。[의견]

▷ キムさんは B型(がた)じゃ ない**と 思(おも)います**。[추측]

地下鉄(ちかてつ) 지하철　便利(べんり)だ 편리하다　~型(がた) ~형

문형연습

04

[정중형/보통형] + から　　~(이)기 때문에

- 정중형이나 보통형 뒤에 「から」를 붙이면 [이유]를 나타내며, 우리말로는 '~(이)기 때문에, ~(이)니까'로 해석됩니다.

▷ とても 疲(つか)れましたから 休(やす)みたいです。

▷ 明日(あした)は テストですから 図書館(としょかん)で 勉強(べんきょう)します。

▷ 彼女(かのじょ)は きれいですから 人気(にんき)が あります。

▷ この 店(みせ)は おいしくて 安(やす)いですから 人(ひと)が たくさん 来(き)ます。

▷ お金(かね)が ないから どこへも 行(い)かない。

▷ 今日(きょう)は 学校(がっこう)が 休(やす)みだから 暇(ひま)だ。

▷ 昨日(きのう)は 暇(ひま)だったから 家(いえ)で 休(やす)んだ。

▷ お腹(なか)が 痛(いた)かったから 薬(くすり)を 飲(の)んだ。

休(やす)む 쉬다　　図書館(としょかん) 도서관　　暇(ひま)だ 한가하다

체크 포인트

01 다음 그림을 보고 예와 같이 문장을 만들어 보세요.

예

イ：午後(ごご)から 雨(あめ)が 降(ふ)ります。

→ イさんに よると、午後(ごご)から 雨(あめ)が 降(ふ)る そうです。

① パク：私(わたし)の 彼女(かのじょ)は 親切(しんせつ)で きれいな 人(ひと)です。

→ ＿＿＿＿＿＿＿＿＿＿＿＿＿＿＿＿＿＿＿＿。

② 井上(いのうえ)：今日(きょう)は 昨日(きのう)より 寒(さむ)く ありません。

→ ＿＿＿＿＿＿＿＿＿＿＿＿＿＿＿＿＿＿＿＿。

③ キム：彼(かれ)は 友達(ともだち)と けんかして しまいました。

→ ＿＿＿＿＿＿＿＿＿＿＿＿＿＿＿＿＿＿＿＿。

④ 山田(やまだ)：日本(にほん)は 交通(こうつう)が 便利(べんり)です。

→ ＿＿＿＿＿＿＿＿＿＿＿＿＿＿＿＿＿＿＿＿。

⑤ ムン：彼女(かのじょ)は まだ 結婚(けっこん)して いません。

→ ＿＿＿＿＿＿＿＿＿＿＿＿＿＿＿＿＿＿＿＿。

午後(ごご) 오후　　けんかする 싸움하다　　交通(こうつう) 교통

02 다음 예와 같이 문장을 만들어 보세요.

예 昨日(きのう) CDを 買(か)いました。
→ 昨日(きのう) CDを 買(か)ったって。

① 日本(にほん)は 暖(あたた)かかったです。

→ ＿＿＿＿＿＿＿＿＿＿＿＿＿＿＿＿＿＿＿＿。

② 昨日(きのう)、ミョンドンに 行(い)って 友達(ともだち)に 会(あ)いました。

→ ＿＿＿＿＿＿＿＿＿＿＿＿＿＿＿＿＿＿＿＿。

③ 田中(たなか)さんは 大学生(だいがくせい)です。

→ ＿＿＿＿＿＿＿＿＿＿＿＿＿＿＿＿＿＿＿＿。

④ 子供(こども)の 時(とき)は とても 元気(げんき)でした。

→ ＿＿＿＿＿＿＿＿＿＿＿＿＿＿＿＿＿＿＿＿。

⑤ その 映画(えいが)は あまり おもしろく ありませんでした。

→ ＿＿＿＿＿＿＿＿＿＿＿＿＿＿＿＿＿＿＿＿。

暖(あたた)かい 따뜻하다

03 다음 예와 같이 문장을 만들어 보세요.

예 A イさんは 今(いま) 何(なに)を して いますか。(勉強(べんきょう)する)
B 勉強(べんきょう)して いると 思(おも)います。

① A 東京(とうきょう)と ソウルと どちらが 寒(さむ)いですか。(ソウルの ほうが)

B ________________________________。

② A 明日(あした)も ミーティングが ありますか。(はい、たぶん)

B ________________________________。

③ A 今日(きょう)の パーティーに 山田(やまだ)さんは 来(き)ますか。(いいえ、たぶん)

B ________________________________。

④ A パクさんの 血液型(けつえきがた)は 何(なん)ですか。(O型(がた))

B ________________________________。

⑤ A 日本語(にほんご)の 授業(じゅぎょう)は どうですか。(難(むずか)しいですが、楽(たの)しい)

B ________________________________。

ミーティング 회의　パーティー 파티　血液型(けつえきがた) 혈액형　授業(じゅぎょう) 수업

회화 체크

•• 다음 밑줄 부분을 보기의 단어로 바꿔가며 이야기해 보세요. 17

イム　田中先輩(たなかせんぱい)、また ⓐ お見合(みあ)いする そうです。

吉田(よしだ)　うん、私(わたし)も 聞(き)いたけど、今度(こんど)は ⓑ お金持(かねも)ちだって。

イム　ⓑ お金持(かねも)ち？

吉田(よしだ)　それに ⓒ 優(やさ)しいって。

イム　ⓓ そんな 人(ひと) いないと 思(おも)いますよ。

吉田(よしだ)　そうですね。

보기 ⓐ お見合(みあ)いする 선을 보다 ⓑ お金持(かねも)ち 부자

ⓒ 優(やさ)しい 상냥하다 ⓓ そんな 人(ひと) いない 그런 사람 없다

1 ⓐ 男(おとこ)の人(ひと)を 紹介(しょうかい)して もらう 남자를 소개 받다 ⓑ ハンサム 핸섬

ⓒ 女(おんな)の人(ひと)に 人気(にんき)が ある 여자에게 인기가 있다

ⓓ 会(あ)わない ほうが いい 만나지 않는 것이 좋다

2 ⓐ 旅行(りょこう)に 行(い)く 여행을 가다 ⓑ 世界一周(せかいいっしゅう) 세계일주

ⓒ 結婚(けっこん)も する 결혼도 한다

ⓓ そんな 幸(しあわ)せな 人(ひと) いない 그런 행복한 사람 없다

3 ⓐ 子供(こども)が 生(う)まれた 아이가 태어났다 ⓑ 女(おんな)の子(こ) 여자 아이

ⓒ とても かわいい 매우 귀엽다 ⓓ それは あたりまえだ 그것은 당연하다

다나카와 야스다가 예쁜 여자를 보고 말을 걸어보려 하고 있네요.

회화

彼女(かのじょ)は 結婚(けっこん)して いる そうです 18

田中 あの 人(ひと) きれいですね。

安田 声(こえ)を かけて みましょうか。

田中 えっ？ そんな…。彼女(かのじょ)は きれいですから 彼氏(かれし)が いると 思(おも)いますよ。

安田 それは わかりませんよ。

田中 安田(やすだ)さんは ナンパした ことが ありますか。 私(わたし)は 一度(いちど)も ありません。

安田 そうですか。では、私(わたし)が 行(い)って きます。

田中 どうでしたか。

安田 それが…、彼女(かのじょ)は もう 結婚(けっこん)して いる そうです。

단어

声(こえ) 목소리　声(こえ)を かける 말을 걸다　彼氏(かれし) 남자친구
ナンパする 작업을 걸다　一度(いちど)も 한번도　結婚(けっこん) 결혼

듣기 연습

01 다음 문장을 듣고 빈 칸을 채워보세요. 19

① イさんは ＿＿＿＿＿＿＿＿＿＿＿＿＿ そうです。

② この 映画(えいが)は ＿＿＿＿＿＿＿＿＿＿＿＿＿ そうです。

③ キムさんは ＿＿＿＿＿＿＿＿＿＿＿＿＿ そうです。

④ 明日(あした)は ＿＿＿＿＿＿＿＿＿＿＿＿＿ そうです。

02 두 명의 친구가 선생님에 대해서 이야기하고 있습니다. 이야기를 듣고 맞는 것에는 ○, 틀린 것에는 ×를 쓰세요. 20

① (　　　) 山本(やまもと) 선생님의 수업은 재미없다.

② (　　　) 山本(やまもと) 선생님은 곧 그만둔다.

③ (　　　) 山本(やまもと) 선생님은 한국에서 결혼한다.

④ (　　　) 山本(やまもと) 선생님의 결혼 상대는 같은 일본어교사이다.

⑤ (　　　) 새로 올 선생님의 수업은 山本(やまもと) 선생님보다 재미있지 않을 것으로 생각한다.

단어 총정리

문형연습 21

- ❏ 新(あたら)しい 새롭다
- ❏ 宝(たから)くじ 복권
- ❏ ～型(がた) ~형
- ❏ できる 생기다
- ❏ 当(あ)たる 당첨되다
- ❏ 休(やす)む 쉬다
- ❏ 天気予報(てんきよほう) 일기예보
- ❏ 地下鉄(ちかてつ) 지하철
- ❏ 図書館(としょかん) 도서관
- ❏ 晴(は)れる 맑다, 개다
- ❏ 便利(べんり)だ 편리하다
- ❏ 暇(ひま)だ 한가하다

체크 포인트 22

- ❏ 午後(ごご) 오후
- ❏ 暖(あたた)かい 따뜻하다
- ❏ 血液型(けつえきがた) 혈액형
- ❏ けんかする 싸움하다
- ❏ ミーティング 회의
- ❏ 授業(じゅぎょう) 수업
- ❏ 交通(こうつう) 교통
- ❏ パーティー 파티

회화 본문 23

- ❏ 声(こえ) 목소리
- ❏ 彼氏(かれし) 남자친구
- ❏ 一度(いちど)も 한번도
- ❏ 声(こえ)を かける 말을 걸다
- ❏ ナンパする 작업을 걸다
- ❏ 結婚(けっこん) 결혼

듣기 연습 24

- ❏ やっぱり 역시
- ❏ やめる 그만두다
- ❏ 相手(あいて) 상대
- ❏ もうすぐ 곧
- ❏ どうして 왜
- ❏ 美人(びじん) 미인

한자 체크

思 생각 사

음독 し　思考(しこう) 사고
훈독 思(おも)う 생각하다　思(おも)い出(だ)す 생각나다

思 思 思

思(おも)い出(だ)す　思い出す　思い出す

声 소리 성

음독 せい　音声(おんせい) 음성
훈독 声(こえ) 목소리

声 声 声

音声(おんせい)　音声　音声　音声

度 법도 도

음독 ど　一度(いちど) 한번　速度(そくど) 속도　温度(おんど) 온도
훈독 ～度(たび) ～마다

度 度 度

一度(いちど)　一度　一度　一度

쉬어가기

テストを 見(み)る？

일본어를 공부하는 한국인 학생들은 가끔 '시험을 보다'라는 의미로 「テストを 見(み)る」 라고 말하곤 합니다.

「テストを 見(み)る」는 한국인 학습자들이 흔히 사용하는 실수 중 하나로, 올바른 표현은 「テストを 受(う)ける」 라고 한답니다. 「テストを 見(み)る」를 사용하면 '문제지나 답안지를 본다'는 의미가 되죠.

마찬가지로 '친구를 보다'라는 표현도 단어만 바꿔서 「友達(ともだち)を 見(み)る」 라고 하면 친구를 만난다는 의미가 아닌 자기 앞에 있는 친구를 쳐다보고 있다는 느낌을 줄 수 있으니 주의해야 합니다. 이런 경우에는 '만나다'에 해당하는 「会(あ)う」를 사용해 「友達(ともだち)に 会(あ)う」 라고 하면 된답니다. 그래서 일본인에게 「明日(あした) 見(み)ましょう (내일 봅시다)」 라고 말하면 일본인들은 '내일 무엇을 보자는 것이냐?'라고 생각할 수 있으니 주의해야 해요. '내일 봅시다'라는 말은 「明日(あした) 会(あ)いましょう」 라고 해주세요!

그날 배운 표현은 바로바로
머릿속에 쏙쏙 넣어두세요!

第04課 韓国が 勝つ はずです

이번 과에서는 들은 정보를 토대로 말하는 추측 표현과 어떤 일이 당연히 일어날 것임을 확신하는 추측 표현에 대해 알아볼게요。 그럼, 핵심포인트를 살펴볼까요?

1. 駅前の パスタ屋は とても おいしいらしいです。
   역 앞의 파스타 가게는 정말 맛있다는 것 같습니다.
2. 彼は 男らしい 人です。
   그는 남자다운 사람입니다.
3. 今年は 合格する はずです。
   올해는 분명 합격할 것입니다.

문형연습

01 [보통형] + らしいです　~라고 합니다 / ~라던데요 / ~라는 것 같습니다

「~らしいです」는 어디선가 들은 사항을 근거로 하여 추측한 것을 나타내는 표현이에요. 명사는 그대로, ナ형용사는 어미「だ」를 생략하고 접속시켜야 한답니다.

▷ ベさんは 日本(にほん)では 有名(ゆうめい)**らしいです**。

▷ あの 噂(うわさ)は 本当(ほんとう)**らしいです**。

▷ 山田先生(やまだせんせい)は 先月(せんげつ)、結婚(けっこん)した**らしいです**。

▷ 駅前(えきまえ)の パスタ屋(や)は あまり おいしく ない**らしいです**。

▷ あの 人(ひと)は 林(はやし)さんの 恋人(こいびと)**らしいです**。

有名(ゆうめい)だ 유명하다　噂(うわさ) 소문　本当(ほんとう) 정말　先月(せんげつ) 저번 달　駅前(えきまえ) 역 앞

02 [명사] + らしい　~답다

「명사 + らしい」는 그 명사가 가지고 있는 성질이나 특성이 있음을 나타내며 '~답다'라는 의미를 가지고 있어요.

▷ イさんは 本当(ほんとう)に 女(おんな)**らしいです**。

▷ その 人(ひと)、男(おとこ)**らしい** ところが ありますね。

▷ 最近(さいきん)は 子供(こども)**らしく ない** 子供(こども)が 多(おお)いですね。

最近(さいきん) 요즘　多(おお)い 많다

03 [보통형] + はずです ~일 겁니다

「～はずです」는 결정적인 근거는 부족하지만 조건을 둘러싼 정황이나 느낌으로 미루어 사실인 것 같다고 믿을 때 사용해요. 활용법은 명사의 경우 「の」를 붙이고, ナ형용사는 어미 「だ」를 떼고 「な」를 붙이면 된답니다.

- 今日(きょう)は 日曜日(にちようび)ですから、銀行(ぎんこう)は 閉(し)まって いる **はずです**。
- 今年(ことし)は 合格(ごうかく)する **はずです**。
- 昨日(きのう) パクさんは どこにも 行(い)かなかった **はずです**。
- あの 映画(えいが)の 監督(かんとく)は おもしろい 人(ひと)ですから、映画(えいが)も おもしろい **はずです**。
- 中村(なかむら)さんは きっと 元気(げんき)な **はずです**。
- 彼(かれ)は 日本語(にほんご)に 詳(くわ)しいですから、日本語(にほんご)の 先生(せんせい)の **はずです**。

閉(し)まる 닫히다　今年(ことし) 올해　合格(ごうかく)する 합격하다　監督(かんとく) 감독　きっと 틀림없이　詳(くわ)しい 잘 알고 있다

체크 포인트

01 다음 예와 같이 문장을 만들어 보세요.

예 イさん / 来週(らいしゅう) / 引(ひ)っ越(こ)す

A イさん、来週(らいしゅう) 引(ひ)っ越(こ)すらしいですよ。

B ええ、そうですか。

① キムさん / 先月(せんげつ) / 会社(かいしゃ)を やめる

A ______________________________。

B ______________________________。

② 学校(がっこう)の 前(まえ)の 店(みせ) / とても おいしい

A ______________________________。

B ______________________________。

③ あの 監督(かんとく) / 韓国(かんこく)より 日本(にほん)で 有名(ゆうめい)だ

A ______________________________。

B ______________________________。

④ 田中(たなか)さんの お父(とう)さん / アメリカ人(じん)だ

A ______________________________。

B ______________________________。

来週(らいしゅう) 다음 주　引(ひ)っ越(こ)す 이사하다

02 다음 그림을 보고 예와 같이 문장을 만들어 보세요.

예

女(おんな)らしいですね。

① ____。

② ____。

③ ____。

체크 포인트

03 다음 예와 같이 문장을 만들어 보세요.

예 A パクさんは 泳(およ)げますか。
B 小学校(しょうがっこう)の 時(とき)に 習(なら)いましたから 泳(およ)げる はずです。

① A イさんは 肉(にく)を 食(た)べますか。
B イさんは ベジタリアンですから ＿＿＿＿＿＿＿＿ はずです。

② A 林(はやし)さんは 授業(じゅぎょう)を サボりますか。
B 林(はやし)さんは まじめな 学生(がくせい)ですから ＿＿＿＿＿＿＿＿ はずです。

③ A 山田(やまだ)さんは コンピュータが 上手(じょうず)ですか。
B 山田(やまだ)さんは コンピュータの 会社(かいしゃ)に 勤(つと)めて いますから ＿＿＿＿＿＿＿＿ はずです。

④ A あの パスタの 店(みせ)は おいしいですか。
B いつも 込(こ)んで いますから ＿＿＿＿＿＿＿＿ はずです。

⑤ A 井上(いのうえ)さんは 会社員(かいしゃいん)ですか。
B いつも スーツを 着(き)て いますから ＿＿＿＿＿＿＿＿ はずです。

習(なら)う 배우다　肉(にく) 고기　ベジタリアン 채식주의자　サボる (수업을) 빼먹다　勤(つと)める 근무하다
込(こ)む 붐비다　スーツ 정장

회화 체크

다음 밑줄 부분을 보기의 단어로 바꿔가며 이야기해 보세요. 25

吉田(よしだ)	この 近(ちか)くに ⓐ ショッピングセンターが ありますか。
林(はやし)	はい、たくさん あります。
吉田(よしだ)	どこが 一番(いちばん) ⓑ いいですか。
林(はやし)	よく 分(わ)かりませんが、ⓒ いつも お客(きゃく)さんが たくさん いますから、ⓓ Jアウトレットが ⓑ いい はずです。
吉田(よしだ)	そうですか。
林(はやし)	でも、ⓔ ちょっと 高(たか)いらしいですよ。

보기 ⓐ ショッピングセンター 쇼핑센터　ⓑ いい 좋다
ⓒ いつも お客(きゃく)さんが たくさん いる 항상 손님이 많이 있다
ⓓ Jアウトレット J아울렛　ⓔ ちょっと 高(たか)い 조금 비싸다

- 1 ⓐ 食堂(しょくどう) 식당　ⓑ おいしい 맛있다　ⓒ 毎日(まいにち) 込(こ)んで いる 매일 붐비다
  ⓓ この ビルの 地下(ちか) 이 빌딩 지하　ⓔ 少(すこ)し 古(ふる)い 店(みせ) 조금 오래된 가게
- 2 ⓐ クリーニング屋(や) 세탁소　ⓑ 安(やす)い 싸다
  ⓒ よく 割引券(わりびきけん)を くれる 할인권을 자주 준다　ⓓ Kクリーニング店(てん) K세탁소
  ⓔ 時間(じかん)が かかる 시간이 걸린다
- 3 ⓐ 遊園地(ゆうえんち) 유원지　ⓑ おもしろい 재미있다
  ⓒ たくさんの 人(ひと)が 行(い)って いる 많은 사람이 간다
  ⓓ S遊園地(ゆうえんち) S유원지　ⓔ いつも 込(こ)んでいる 항상 붐빈다

동료가 박유리에게 축구 시합을 보러 가자고 권하고 있습니다.

회화

韓国(かんこく)が 勝(か)つ はずです 26

同僚 ゆりさん！ 来週(らいしゅう)の 土曜日(どようび)に 韓国対(かんこくたい)ブラジルの サッカーの 試合(しあい)が ありますが、一緒(いっしょ)に 見(み)に 行(い)きませんか。

パク ええ、行(い)きましょう。

同僚 営業部(えいぎょうぶ)の 鈴木(すずき)さんも 誘(さそ)いましょうか。

パク 鈴木(すずき)さんも サッカーが 好(す)きですか。

同僚 よく 分(わ)かりませんが、噂(うわさ)に よると 好(す)きらしいです。

パク そうですか。じゃ、鈴木(すずき)さんも 誘(さそ)って 一緒(いっしょ)に 行(い)きましょう。

同僚 韓国(かんこく)と ブラジル、どちらが 勝(か)つでしょうか。

パク もちろん 韓国(かんこく)が 勝(か)つ はずです。

단어

～対(たい)～ ～대～　ブラジル 브라질　サッカー 축구
試合(しあい) 시합　営業部(えいぎょうぶ) 영업부　誘(さそ)う 권하다　勝(か)つ 이기다

듣기 연습

01 다음을 듣고 알맞은 것을 고르세요. 27

① ムンさんは 熱(ねつ)が あるらしいです。

② ムンさんは お腹(なか)が 痛(いた)いらしいです。

③ ムンさんは 国(くに)へ 帰(かえ)るらしいです。

④ ムンさんは 病院(びょういん)へ 行(い)くらしいです。

02 다음을 듣고 맞는 것에는 ○, 틀린 것에는 ×를 쓰세요. 28

① キムさんは アメリカに 4年間(ねんかん) 住(す)んで いた はずです。 (　　)

② キムさんは 英語(えいご)が できる はずです。 (　　)

③ キムさんは イギリス人(じん)と 結婚(けっこん)して いる はずです。 (　　)

단어 총정리

문형연습 29

- ❑ 有名(ゆうめい)だ 유명하다
- ❑ 噂(うわさ) 소문
- ❑ 本当(ほんとう) 정말
- ❑ 先月(せんげつ) 지난달
- ❑ 駅前(えきまえ) 역 앞
- ❑ 最近(さいきん) 요즘
- ❑ 多(おお)い 많다
- ❑ 閉(し)まる 닫히다
- ❑ 今年(ことし) 올해
- ❑ 合格(ごうかく)する 합격하다
- ❑ 監督(かんとく) 감독
- ❑ きっと 틀림없이
- ❑ 詳(くわ)しい 잘 알고 있다

체크 포인트 30

- ❑ 来週(らいしゅう) 다음 주
- ❑ 引(ひ)っ越(こ)す 이사하다
- ❑ やめる 그만두다
- ❑ 習(なら)う 배우다
- ❑ 肉(にく) 고기
- ❑ ベジタリアン 채식주의자
- ❑ サボる (수업을) 빼먹다
- ❑ 勤(つと)める 근무하다
- ❑ 込(こ)む 붐비다
- ❑ スーツ 정장

회화 본문 31

- ❑ ~対(たい)~ ~대~
- ❑ ブラジル 브라질
- ❑ サッカー 축구
- ❑ 試合(しあい) 시합
- ❑ 営業部(えいぎょうぶ) 영업부
- ❑ 誘(さそ)う 권하다
- ❑ 勝(か)つ 이기다

듣기 연습 32

- ❑ コンコン 콜록콜록
- ❑ せきを する 기침을 하다
- ❑ 熱(ねつ) 열
- ❑ 顔(かお) 얼굴
- ❑ 赤(あか)い 빨갛다
- ❑ イギリス 영국
- ❑ 英会話(えいかいわ) 영어회화

한자 체크

合
합할 합

음독 ごう　合(ごう)コン 미팅　合格(ごうかく) 합격

훈독 合(あ)う 맞다　似合(にあ)う 어울리다　間(ま)に合(あ)う 늦지 않다

合	合	合		

合格(ごうかく)	合格	合格	合格	

週
주일 주

음독 しゅう　毎週(まいしゅう) 매주　週末(しゅうまつ) 주말

週	週	週		

週末(しゅうまつ)	週末	週末	週末	

勝
이길 승

음독 しょう　勝負(しょうぶ) 승부　勝利(しょうり) 승리

훈독 勝(か)つ 이기다

勝	勝	勝		

勝利(しょうり)	勝利	勝利	勝利	

第05課 趣味(しゅみ)は 本(ほん)を 読(よ)む ことです

이번 과에서는 보통형이 명사를 어떻게 꾸며 주는지에 대해 공부할게요. 또 원인과 이유를 나타내는 표현과, 예상치 못한 의외의 결과를 나타내는 표현도 함께 알아볼게요.

1. 私(わたし)の 趣味(しゅみ)は 自転車(じてんしゃ)に 乗(の)る ことです。
   나의 취미는 자전거를 타는 것입니다.

2. 恋愛(れんあい)って 大変(たいへん)ですね。
   연애라는 건 힘드네요.

3. 一生懸命(いっしょうけんめい) 勉強(べんきょう)したので 合格(ごうかく)しました。
   열심히 공부했기 때문에 합격했습니다.

4. 一生懸命(いっしょうけんめい) 勉強(べんきょう)したのに だめでした。
   열심히 공부했는데 실패했습니다.

문형연습

01 [보통형] + 명사

▷ 私(わたし)の 趣味(しゅみ)は 絵(え)を **描(か)く こと**です。

▷ 家(いえ)を **出(で)る 前(まえ)**に 電話(でんわ)して ください。

▷ バスを **降(お)りた 後(あと)**で 電話(でんわ)します。

▷ 「秘密(ひみつ)」と いう 映画(えいが)を **見(み)た こと**が ありますか。

TIP

＊'~라고 하는 것'이라는 의미의 「～という」는 회화에서 「～って」라고 사용한답니다.

恋愛(れんあい)って 難(むずか)しいですね。 연애라는 건 어렵군요.

趣味(しゅみ) 취미　絵(え)を 描(か)く 그림을 그리다　降(お)りる 내리다　秘密(ひみつ) 비밀　恋愛(れんあい) 연애

02 [보통형] + ので　~때문에

「ので」는 정중하게 이유를 말하는 표현으로 '허락을 구할 때의 이유'나 '변명' 등에 자주 사용된답니다. 명사에 접속할 때에는 「なので」, ナ형용사는 어미 「だ」를 「な」로 바꾸고 「ので」를 붙이면 돼요.

TIP

	ので	から
명　사	休(やす)みなので 휴일이기 때문에	休(やす)みだから 휴일이기 때문에
ナ형용사	便利(べんり)なので 편리하기 때문에	便利(べんり)だから 편리하기 때문에
イ형용사	いいので 좋기 때문에	いいから 좋기 때문에
동　사	買(か)うので 사기 때문에	買(か)うから 사기 때문에

▷ 用事(ようじ)が あるので これで 失礼(しつれい)します。

▷ 電車(でんしゃ)が なかなか 来(こ)なかったので 遅(おく)れて しまいました。

▷ 今日(きょう)は 母(はは)の 誕生日(たんじょうび)なので 早(はや)く 帰(かえ)ります。

▷ この カメラは とても 便利(べんり)なので たくさんの 人(ひと)が 使(つか)います。

▷ 体(からだ)の 調子(ちょうし)が 悪(わる)いので 先(さき)に 帰(かえ)ります。

用事(ようじ) 볼일　なかなか 좀처럼　体(からだ)の 調子(ちょうし) 몸 상태, 컨디션

03

[보통형] + のに　~는데도 / ~인데도 불구하고

● 예상되는 결과와는 다른 의외의 결과나 상황이 초래되었을 때 사용해요. 명사는 「なのに」, ナ형용사는 어미 「だ」를 「な」로 바꾸고 「のに」를 붙이면 된답니다.

▷ 一生懸命(いっしょうけんめい) 勉強(べんきょう)したのに 合格(ごうかく)できませんでした。

▷ たくさん 食(た)べたのに もう お腹(なか)が すいて しまいました。

▷ 今日(きょう)は 休(やす)みなのに 仕事(しごと)を しなければ なりません。

▷ 彼女(かのじょ)は あまり きれいじゃ ないのに 男(おとこ)の人(ひと)に 人気(にんき)が あります。

▷ こんなに 寒(さむ)いのに シャツ 一枚(いちまい)で 大丈夫(だいじょうぶ)ですか。

체크 포인트

01 다음 그림을 보고 예와 같이 문장을 만들어 보세요.

예 キムさん

A どの 人(ひと)が キムさんですか。

B ムンさんと 話(はな)して いる 人(ひと)が キムさんです。

① パクさん

A ＿＿＿＿＿＿＿＿＿＿＿＿＿＿＿＿。

B ＿＿＿＿＿＿＿＿＿＿＿＿＿＿＿＿。

② 林(はやし)さん

A ＿＿＿＿＿＿＿＿＿＿＿＿＿＿＿＿。

B ＿＿＿＿＿＿＿＿＿＿＿＿＿＿＿＿。

③ 山田(やまだ)さん

A ＿＿＿＿＿＿＿＿＿＿＿＿＿＿＿＿。

B ＿＿＿＿＿＿＿＿＿＿＿＿＿＿＿＿。

④ イさん

A ＿＿＿＿＿＿＿＿＿＿＿＿＿＿＿＿。

B ＿＿＿＿＿＿＿＿＿＿＿＿＿＿＿＿。

02 다음 예와 같이 문장을 만들어 보세요.

예 時間(じかん)が ありません。

A 今日(きょう) 一緒(いっしょ)に 飲(の)みに 行(い)きませんか。

B 今日(きょう)は 時間(じかん)が ないので また 今度(こんど) 誘(さそ)って ください。

① 用事(ようじ)が あります。

A ____。

B ____。

② 忙(いそが)しいです。

A ____。

B ____。

③ 弟(おとうと)の 誕生日(たんじょうび)です。

A ____。

B ____。

④ 体(からだ)の 調子(ちょうし)が 悪(わる)いです。

A ____。

B ____。

체크 포인트

03 다음 예와 같이 문장을 만들어 보세요.

예
一生懸命(いっしょうけんめい) 勉強(べんきょう)しました。
→ 一生懸命(いっしょうけんめい) 勉強(べんきょう)したのに だめでした。

① 薬(くすり)を 飲(の)みました。

→ ＿＿＿＿＿＿＿＿＿＿＿＿のに まだ 治(なお)りません。

② ダイエット中(ちゅう)です。

→ ＿＿＿＿＿＿＿＿＿＿＿＿のに よく 食(た)べます。

③ 彼女(かのじょ)は きれいです。

→ ＿＿＿＿＿＿＿＿＿＿＿＿のに 男(おとこ)の人(ひと)に 人気(にんき)が ありません。

④ とても おいしいです。

→ ＿＿＿＿＿＿＿＿＿＿＿＿のに 誰(だれ)も 食(た)べません。

まだ 아직　治(なお)る (병이) 낫다　ダイエット 다이어트　男(おとこ)の人(ひと) 남자　誰(だれ)も 아무도

회화 체크

다음 밑줄 부분을 보기의 단어로 바꿔가며 이야기해 보세요. 33

林(はやし)	今日(きょう) ⓐ 食(た)べた ⓑ スパゲッティー、本当(ほんとう)に ⓒ おいしかったですね。
イ	ⓓ キムさんが 作(つく)った ⓑ スパゲッティーですか。
林(はやし)	ええ、そうです。
イ	私(わたし)は ⓑ スパゲッティーが 好(す)きじゃ ないので、まあまあでしたが。
林(はやし)	ああ、ⓔ たくさん 食(た)べたのに また ⓕ 食(た)べたいです。
イ	え？ またですか。

보기 ⓐ 食(た)べる 먹다 ⓑ スパゲッティー 스파게티 ⓒ おいしい 맛있다
ⓓ キムさんが 作(つく)る 김OO 씨가 만들다 ⓔ たくさん 食(た)べる 많이 먹다 ⓕ 食(た)べる 먹다

1 ⓐ 見(み)る 보다 ⓑ 映画(えいが) 영화 ⓒ おもしろい 재미있다
ⓓ ニコラス・ケイジが 出(で)て いる 니콜라스 케이지가 나오다
ⓔ 何回(なんかい)も 見(み)る 몇 번이나 보다 ⓕ 見(み)る 보다

2 ⓐ 行(い)く 가다 ⓑ レストラン 레스토랑 ⓒ すてきだ 멋지다
ⓓ 中田(なかた)さんが オープンする 나카타 씨가 오픈하다
ⓔ 今日(きょう) 行(い)って くる 오늘 갔다 오다 ⓕ 行(い)く 가다

3 ⓐ 鈴木(すずき)さんが 持(も)って いる 스즈키 씨가 가지고 있다
ⓑ ブランドの かばん 브랜드가방 ⓒ かわいい 귀엽다
ⓓ 彼氏(かれし)に 買(か)って もらう 남자친구가 사 주다
ⓔ 二(ふた)つも 持(も)って いる 두 개나 가지고 있다 ⓕ 買(か)う 사다

다나카와 김미나가 서로에게 취미를 묻고 있습니다.

회화

趣味(しゅみ)は 本(ほん)を 読(よ)む ことです 34

田中 ミナさんの 趣味(しゅみ)は 何(なん)ですか。

キム 私(わたし)の 趣味(しゅみ)は 本(ほん)を 読(よ)む ことです。

田中 今(いま)まで 読(よ)んだ 本(ほん)の 中(なか)で 何(なに)が 一番(いちばん) おもしろかったですか。

キム 「神(かみ)の花(はな)」と いう 本(ほん)が 一番(いちばん) おもしろかったです。田中(たなか)さんの 趣味(しゅみ)は 何(なん)ですか。

田中 私(わたし)の 趣味(しゅみ)は 買(か)い物(もの)を する ことです。

キム あら、男(おとこ)の人(ひと)なのに めずらしいですね。

田中 ミナさん、よかったら、明日(あした) 一緒(いっしょ)に 買(か)い物(もの)に 行(い)きませんか。

キム すみません！ 明日(あした)は 他(ほか)に 約束(やくそく)が あるので また 今度(こんど) 誘(さそ)って ください。

단어

こと 일, 것　神(かみ) 신　~と いう ~라고 하는
買(か)い物(もの) 쇼핑　めずらしい 드물다, 별나다　他(ほか)に 그 밖에
今度(こんど) 이번, 다음번

듣기 연습

01 다음을 듣고 알맞은 그림을 고르세요. 35

①

a 

b 

②

a 

b 

③

a 

b 

④

a 

b 

02 다음을 듣고 (　) 안에 알맞게 이름을 적으세요. 36

① (　　　　　　)

② (　　　　　　)

③ (　　　　　　)

단어 총정리

문형연습 37

- ☐ 趣味(しゅみ) 취미
- ☐ 秘密(ひみつ) 비밀
- ☐ なかなか 좀처럼
- ☐ 絵(え)を 描(か)く 그림을 그리다
- ☐ 恋愛(れんあい) 연애
- ☐ 体(からだ)の 調子(ちょうし) 몸 상태, 컨디션
- ☐ 降(お)りる 내리다
- ☐ 用事(ようじ) 볼일

체크 포인트 38

- ☐ まだ 아직
- ☐ ダイエット 다이어트
- ☐ 誰(だれ)も 아무도
- ☐ 治(なお)る (병이) 낫다
- ☐ 男(おとこ)の人(ひと) 남자

회화 본문 39

- ☐ こと 일, 것, 적
- ☐ 買(か)い物(もの) 쇼핑
- ☐ 今度(こんど) 이번, 다음번
- ☐ 神(かみ) 신
- ☐ めずらしい 드물다, 별나다
- ☐ ～と いう ~라고 하는
- ☐ 他(ほか)に 그 밖에

듣기 연습 40

- ☐ 遅刻(ちこく)する 지각하다
- ☐ 落(お)ちる 떨어지다
- ☐ 黒(くろ)い 검다

한자 체크

私
사사 사

음독 し　私有(しゆう) 사유　私立(しりつ) 사립
훈독 私(わたし) 나

私 私 私

私立(しりつ)

私立 私立 私立

味
맛 미

음독 み　味覚(みかく) 미각　味噌(みそ) 된장　趣味(しゅみ) 취미
훈독 味(あじ) 맛

味 味 味

趣味(しゅみ)

趣味 趣味 趣味

読
읽을 독

음독 どく　読者(どくしゃ) 독자　読書(どくしょ) 독서
훈독 読む(よむ) 읽다　読み方(よみかた) 읽는 법

読 読 読

読書(どくしょ)

読書 読書 読書

쉬어가기

가타카나 표기

한국의 관광지에는 일본인 관광객을 위한 일본어 표기가 많은데요, 그 표기가 정확하지 않아서 일본인에게 의미가 통하지 않는 경우가 많습니다. 특히 가타카나(カタカナ) 표기 중 「ソ」와 「ン」, 「ツ」와 「シ」, 「ス」와 「ヌ」가 혼동된 경우가 많지요.

아래의 잘못된 표기는 과연 어떤 의미인지 같이 생각해 볼까요?

Q(1) 冬ソナの町、チュソチョソ (겨울연가의 도시 추소쵸소?)

Q(2) お買い物はドソデムソ市場で！ (쇼핑은 도소데무소? 시장에서!)

Q(3) 韓流ヌター (한류 누타?)

Q(4) ツソチョソロータリー (츠소쵸소? 로터리)

Q(5) パヅョソ 5000 ウォソ (파죠소? 5000 워소?)

Q(6) フコーヅョソ料理 (후코죠소? 요리)

바른 표현으로는 아래와 같답니다.

A(1) ×チュソチョソ → ○チュンチョン (춘천)

A(2) ×ドソデムソ → ○ドンデムン 또는 トンデムン (동대문)

A(3) ×ヌター → ○スター (스타)

A(4) ×ツソチョソ → ○シンチョン (신촌)

A(5) ×パヅョソ → ○パジョン (파전)

×ウォソ → ○ウォン (원)

A(6) ×フコーヅョソ → ○フュージョン (퓨전)

그림회화

단어

- 部長(ぶちょう) 부장님
- コンピュータ 컴퓨터
- 仕事(しごと)をする 일을 하다
- 窓(まど) 창문
- 隣(となり) 옆
- 新聞(しんぶん)を読(よ)む 신문을 읽다
- ~のに ~인데도
- 寝(ね)ている 자고 있다
- 頭(あたま)が痛(いた)い 머리가 아프다
- 電話(でんわ)をする 전화를 하다
- ネクタイ 넥타이
- 引(ひ)き出(だ)し 서랍
- テーブル 테이블
- 泳(およ)げる 수영할 수 있다
- コーヒー 커피
- ~ながら ~하면서
- 飛行機(ひこうき) 비행기
- チケット 티켓
- うれしい 기쁘다
- ゴロゴロ 빈둥빈둥
- 怒(おこ)る 화내다
- コピー 복사
- 忙(いそが)しい 바쁘다
- 話(はな)す 이야기하다
- こぼす 엎지르다
- サボる 농땡이 치다
- めがねをかけている 안경을 쓰고 있다
- ワンピースを着(き)ている 원피스를 입고 있다

그림회화 즐겁게 해보셨나요?
그럼 6과로 넘어가봅시다!

第06課 どうしたんですか

이번 과에서는 상황을 설명하고 이유를 나타내는 「~んです」 표현과, 상대방에게 무언가를 공손하게 부탁하는 표현에 대해 알아볼게요.

1. どうしたんですか。
   무슨 일 있습니까?

2. 今(いま) ちょっと 眠(ねむ)いんです。
   지금 좀 졸립거든요.

3. 使(つか)い方(かた)が 分(わ)からないんですが、教(おし)えて いただけませんか。
   사용법을 몰라서 그런데요, 가르쳐 주시지 않겠습니까?

문형연습

01 [보통형] + んです　　~거든요

「~です · ます」에는 말하는 사람의 감정이 실려 있지 않지만 「~んです」는 그 상황에 따른 여러 가지 감정이나 이유, 변명 등이 포함되어 있으며 또한 강조의 느낌을 준답니다. 명사는 「な」를 붙여 접속시키고, な형용사는 어미 「だ」를 「な」로 바꿔 접속시키면 돼요.

▷ A どうして 遅刻(ちこく)した**んです**か。

B バスが なかなか 来(こ)なかった**んです**。

▷ A 英語(えいご)が 上手(じょうず)ですね。留学(りゅうがく)した ことが ある**んです**か。

B いいえ、毎晩(まいばん) 練習(れんしゅう)して いる**んです**。

▷ A あの 人(ひと)、すてきですね。

B 私(わたし)の 彼氏(かれし)**なんです**。

▷ A どうしたんですか。

B 体(からだ)の 調子(ちょうし)が 悪(わる)い**んです**。

遅刻(ちこく)する 지각하다　留学(りゅうがく)する 유학하다　練習(れんしゅう)する 연습하다　彼氏(かれし) 남자친구　調子(ちょうし) 몸 상태, 컨디션

TIP

＊예를 들어 늦은 밤 남녀가 길을 걷고 있다고 생각해 보세요. 그런데 갑자기 남자가 돌발 키스를 했을 때! 이럴 때는 절대 「何(なに)を して いますか」라고 하지 않고 「何(なに)を して いるんですか」라고 합니다. 「何(なに)を して いますか」라고 물으면 정말로 상대방이 뭘하는지 몰라서 물어볼 때, 이를 테면 '뭐하고 있어요?' 정도의 의미인데 반해 「何(なに)を して いるんですか」는 '당신 도대체 무슨 짓을 하는 거예요?'라는 의미로 말하는 사람의 강한 감정이 실려 있기 때문이에요. 그래서 「~んですか」를 잘못 사용하면 경우에 따라서는 상대방에게 불쾌감을 줄 수도 있으므로 주의해야 한답니다.

02

[보통형] + んですが、～て いただけませんか

～입니다만, ～해 주시지 않겠습니까?

▷ 字(じ)が 見(み)えないんですが、もっと 大(おお)きく 書(か)いて いただけませんか。

▷ パソコンの 使(つか)い方(かた)が 分(わ)からないんですが、教(おし)えて いただけませんか。

▷ 財布(さいふ)を なくしたんですが、一緒(いっしょ)に 探(さが)して いただけませんか。

字(じ) 글씨　見(み)える 보이다　もっと 더욱 더　大(おお)きく 크게　使(つか)い方(かた) 사용방법　財布(さいふ) 지갑　なくす 잃어버리다
探(さが)す 찾다

체크 포인트

01 다음 그림을 보고 예와 같이 문장을 만들어 보세요.

예 頭(あたま)が 痛(いた)いです。

A どうしたんですか。

B 頭(あたま)が 痛(いた)いんです。

① 明日(あした)、休(やす)みです。

A ＿＿＿＿＿＿＿＿＿＿＿＿＿＿＿＿＿＿。

B ＿＿＿＿＿＿＿＿＿＿＿＿＿＿＿＿＿＿。

② 今日(きょう)は 誕生日(たんじょうび)です。

A ＿＿＿＿＿＿＿＿＿＿＿＿＿＿＿＿＿＿。

B ＿＿＿＿＿＿＿＿＿＿＿＿＿＿＿＿＿＿。

③ 恋人(こいびと)と 別(わか)れました。

A ＿＿＿＿＿＿＿＿＿＿＿＿＿＿＿＿＿＿。

B ＿＿＿＿＿＿＿＿＿＿＿＿＿＿＿＿＿＿。

④ 風邪(かぜ)を ひきました。

A ＿＿＿＿＿＿＿＿＿＿＿＿＿＿＿＿＿＿。

B ＿＿＿＿＿＿＿＿＿＿＿＿＿＿＿＿＿＿。

⑤ 明日(あした) テストが あります。

A ＿＿＿＿＿＿＿＿＿＿＿＿＿＿＿＿＿＿。

B ＿＿＿＿＿＿＿＿＿＿＿＿＿＿＿＿＿＿。

⑥ 彼氏(かれし)から プレゼントを もらいました。

A ____。

B ____。

別(わか)れる 헤어지다

02 다음 예와 같이 대화를 해 보세요.

예

A_1 旅行(りょこう)　　　　　A_2 他(ほか)に 用事(ようじ)が ありました。

A_1 旅行(りょこう)は どうでしたか。

B 楽(たの)しかったですよ。どうして 来(こ)なかったんですか。

A_2 他(ほか)に 用事(ようじ)が あったんです。

① A_1 飲(の)み会(かい)　　　　　A_2 お酒(さけ)は 苦手(にがて)です。

A_1 ____。

B ____。

A_2 ____。

② A_1 温泉(おんせん)　　　　　A_2 体(からだ)の 調子(ちょうし)が 悪(わる)かったです。

A_1 ____。

B ____。

A_2 ____。

③ A_1 パーティー　　　　　A_2 試験(しけん)でした。

A_1 ____。

B ____。

A_2 ____。

④ A_1 ピクニック　　A_2 実は 忘れて いました。

A_1 ________________________________。

B ________________________________。

A_2 ________________________________。

飲み会 술자리　苦手だ 꺼려하다, 잘 못하다　温泉 온천　ピクニック 피크닉　実は 실은

03 다음 예와 같이 문장을 만들어 보세요.

예 日本語で 手紙を 書きました。チェックして ください。
→ 日本語で 手紙を 書いたんですが、チェックして いただけませんか。

① 引っ越しを します。手伝って ください。

→ ________________________________。

② 彼女が ほしいです。誰か 紹介して ください。

→ ________________________________。

③ 漢字の 読み方が 分かりません。教えて ください。

→ ________________________________。

④ 面接を 受けます。一緒に 練習して ください。

→ ________________________________。

チェックする 체크하다　紹介する 소개하다　読み方 읽는 방법　面接を 受ける 면접을 보다

회화 체크

다음 밑줄 부분을 보기의 단어로 바꿔가며 이야기해 보세요. 41

林(はやし)	どうしたんですか。
キム	ⓐ 会議(かいぎ)の 準備(じゅんび)を して いるんですが、ⓑ パソコンが できないんです。
林(はやし)	そうなんですか。
キム	すみませんが、ちょっと ⓒ 見(み)て いただけませんか。
林(はやし)	はい、いいですよ。

보기 ⓐ 会議(かいぎ)の 準備(じゅんび)を して いる 회의 준비를 하고 있다
ⓑ パソコンが できない 컴퓨터를 못 다룬다　　ⓒ 見(み)る 보다

1 ⓐ 練習問題(れんしゅうもんだい)を 解(と)いて いる 연습문제를 풀고 있다
ⓑ とても 難(むずか)しい 매우 어렵다　　ⓒ 教(おし)える 가르치다

2 ⓐ 明日(あした) 面接(めんせつ)が ある 내일 면접이 있다
ⓑ 自己紹介(じこしょうかい)が 心配(しんぱい)だ 자기소개가 걱정이다　　ⓒ チェックする 체크하다

3 ⓐ 家(いえ)に 帰(かえ)りたい 집에 가고싶다
ⓑ 仕事(しごと)が 終(お)わらない 일이 끝나지 않는다　　ⓒ 手伝(てつだ)う 돕다

박유리의 회사 동료가 안색이 좋지 않은 박유리를 걱정하고 있습니다.

회화

どうしたんですか 42

同僚 ゆりさん、どうしたんですか。顔色が 悪いですね。

パク 昨日から ずっと 頭が 痛いんです。

同僚 心配事でも あるんですか。

パク いいえ、最近 仕事が 多くて ちょっと 疲れて いるんです。

同僚 そうなんですか。じゃ、今日は 早く 家に 帰って ゆっくり 休んだ ほうが いいですよ。

パク ありがとう ございます。じゃ、午後 取引先の お客さんが 来るんですが、私の 代わりに 会って いただけませんか。

同僚 はい、任せて ください。

단어

顔色が 悪い 안색이 나쁘다　ずっと 쭉, 계속
心配事 걱정거리　取引先 거래처　代わりに 대신에
任せる 맡기다

듣기 연습

01 다음을 듣고 알맞은 그림을 골라 번호를 쓰세요. 43

a (　　)　　b (　　)　　c (　　)

02 다음을 듣고 알맞은 것을 고르세요. 44

① 林(はやし)さんは 頭(あたま)が 痛(いた)いです。

② 林(はやし)さんは 昨日(きのう) 食(た)べすぎました。

③ 林(はやし)さんは 薬(くすり)を 飲(の)みました。

④ 林(はやし)さんは 病院(びょういん)に 行(い)きます。

단어 총정리

문형연습 45

- ❏ 遅刻(ちこく)する 지각하다
- ❏ 留学(りゅうがく)する 유학하다
- ❏ 練習(れんしゅう)する 연습하다
- ❏ 彼氏(かれし) 남자친구
- ❏ 調子(ちょうし) 몸 상태, 컨디션
- ❏ 字(じ) 글씨
- ❏ 見(み)える 보이다
- ❏ もっと 더욱 더
- ❏ 大(おお)きく 크게
- ❏ 使(つか)い方(かた) 사용방법
- ❏ 財布(さいふ) 지갑
- ❏ なくす 잃어버리다
- ❏ 探(さが)す 찾다

체크 포인트 46

- ❏ 別(わか)れる 헤어지다
- ❏ 飲(の)み会(かい) 술자리
- ❏ 苦手(にがて)だ 꺼려하다, 잘 못하다
- ❏ 温泉(おんせん) 온천
- ❏ ピクニック 피크닉
- ❏ 実(じつ)は 실은
- ❏ チェックする 체크하다
- ❏ 紹介(しょうかい)する 소개하다
- ❏ 読(よ)み方(かた) 읽는 방법
- ❏ 面接(めんせつ)を 受(う)ける 면접을 보다

회화 본문 47

- ❏ 顔色(かおいろ)が 悪(わる)い 안색이 나쁘다
- ❏ ずっと 쭉, 계속
- ❏ 心配事(しんぱいごと) 걱정거리
- ❏ 取引先(とりひきさき) 거래처
- ❏ 代(か)わりに 대신에
- ❏ 任(まか)せる 맡기다

듣기 연습 48

- ❏ 飲(の)みすぎる 과음하다
- ❏ 食(た)べすぎる 과식하다

한자 체크

事
일 사

음독 じ　行事(ぎょうじ) 행사　用事(ようじ) 볼일, 용무
훈독 事(こと) 것　仕事(しごと) 일, 업무

事 事 事

用事(ようじ)

用事 用事 用事

帰
돌아갈 귀

음독 き　帰国(きこく) 귀국
훈독 帰(かえ)る 돌아가(오)다

帰 帰 帰

帰国(きこく)

帰国 帰国 帰国

最
가장 최

음독 さい　最後(さいご) 마지막, 최후　最近(さいきん) 최근
훈독 最(もっと)も 가장, (~중에서)제일

最 最 最

最近(さいきん)

最近 最近 最近

第07課 かっこいい 人も たくさん いるし…

이번 과에서는 이유를 열거하는 표현과 어떤 행위에 대해 하기 쉽고 하기 어려움을 나타내는 표현, 그리고 행동이 지나침을 나타내는 표현도 함께 알아볼게요.

1. 今日は 頭も 痛いし 体調も よく ないんです。
   오늘은 머리도 아프고 몸 상태도 좋지 않습니다.
2. さくらと いう レストランなら 知って います。
   사쿠라라고 하는 레스토랑이라면 알고 있습니다.
3. この 携帯は 使いやすいです。
   이 휴대전화는 사용하기 쉽습니다.
4. この 携帯は 使いにくいです。
   이 휴대전화는 사용하기 불편합니다.
5. 昨日 飲みすぎて 頭が 痛いです。
   어제 과음해서 머리가 아픕니다.

문형연습

01 [보통형] + し　　~(게다가)(하)고

▷ A どうしたんですか。

B 頭(あたま)も 痛(いた)いし、寒気(さむけ)も するし、吐(は)き気(け)も するんです。

▷ おもしろいし、先生(せんせい)も いいし、私(わたし)は 日本語(にほんご)の 授業(じゅぎょう)が 好(す)きです。

▷ 優(やさ)しいし きれいだし、いつも 明(あか)るいので 彼女(かのじょ)は 人気(にんき)が あります。

寒気(さむけ) 오한　　吐(は)き気(け) 구토　　明(あか)るい 밝다

02 [보통형] + なら　　~라면

● 어떠한 확정된 조건에 대해서 자신의 판단을 서술할 때 사용해요. 명사에는 그대로, な형용사는 어미「だ」를 빼고「なら」를 접속시킵니다.

▷ A 海(うみ)に 行(い)きたいんですが。

B 海(うみ)なら プサンが いいですよ。

▷ A これ、おいしいですね。キムさんが 作(つく)ったんですか。すごいですね。

B そんなに おいしいなら 全部(ぜんぶ) 食(た)べても いいですよ。

すごい 굉장하다

03 [동사의 ます형] + やすい / にくい ~하기 쉽다 / ~하기 어렵다

▷ この コンピュータは 使(つか)い**やすい**です。

▷ この 靴(くつ)は はき**やすい**です。

▷ この 魚(さかな)は 骨(ほね)が 多(おお)くて 食(た)べ**にくい**です。

▷ この テキストは 分(わ)かり**にくい**です。

はく 신다　魚(さかな) 생선　骨(ほね) 뼈　テキスト 교재

04 [동사의 ます형 / イ형용사 / ナ형용사] + すぎる 너무 많이 / 지나치게 ~하다

「すぎる」는 어떤 행위나 상태가 허용의 정도를 넘는 것을 나타내요. 동사는 ます형에, イ형용사는 어미 「い」를 떼어내고, ナ형용사는 어미 「だ」를 떼어내고 접속한답니다.

▷ 今月(こんげつ)は お金(かね)を 使(つか)い**すぎました**。

▷ 昨日(きのう) 飲(の)み**すぎました**。

▷ これ、多(おお)**すぎます**ね。

▷ 彼(かれ)は まじめ**すぎて** おもしろく ないんです。

체크 포인트

01 다음 예와 같이 문장을 만들어 보세요.

예
A あの 歌手(かしゅ)は 人気(にんき)が あります。
B かわいいです。歌(うた)が 上手(じょうず)です。
A どうして **あの 歌手(かしゅ)は 人気(にんき)が ある**んですか。
B **かわいいし、歌(うた)が 上手(じょうず)だ**からです。

① A あの 店(みせ)は お客(きゃく)さんが 多(おお)いです。
B おいしいです。とても 安(やす)いです。
A ______________________________。
B ______________________________。

② A この マンションは 家賃(やちん)が 高(たか)いです。
B 交通(こうつう)が 便利(べんり)です。近(ちか)くに 大(おお)きい スーパーが あります。
A ______________________________。
B ______________________________。

③ A 旅行(りょこう)に 行(い)きません。
B お金(かね)が ありません。連休(れんきゅう)は 家(いえ)で 休(やす)みたいです。
A ______________________________。
B ______________________________。

④ A この 携帯(けいたい)を 買(か)いました。
B 軽(かる)いです。画面(がめん)が 大(おお)きいです。
A ______________________________。
B ______________________________。

家賃(やちん) 집세　連休(れんきゅう) 연휴　軽(かる)い 가볍다　画面(がめん) 화면

02 다음 예와 같이 문장을 만들어 보세요.

예
A 山(やま)に 行(い)きたい　　B 山(やま) / ハンラ山(さん)

A 山(やま)に 行(い)きたいんですが。
B そうですか。山(やま)なら ハンラ山(さん)が いいと 思(おも)います。

① A 夜景(やけい)を 見(み)たい　　B 夜景(やけい)を 見(み)る / 東京(とうきょう)タワー

A ________________________________。
B ________________________________。

② A ゆっくり 休(やす)みたい　　B ゆっくり 休(やす)みたい / 温泉(おんせん)

A ________________________________。
B ________________________________。

③ A 新(あたら)しい パソコンを 買(か)いに 行(い)く　　B 新(あたら)しい パソコン / ヨンサン

A ________________________________。
B ________________________________。

④ A デートを する　　B デート / ハンガン

A ________________________________。
B ________________________________。

夜景(やけい) 야경　東京(とうきょう)タワー 도쿄타워　ヨンサン 용산　デート 데이트　ハンガン 한강

체크 포인트

03 다음 예와 같이 문장을 만들어 보세요.

예 A その テキスト　　B 分(わ)かる / にくい

A その テキストは どうですか。

B 分(わ)かりにくいです。

① A 日本語(にほんご)の 授業(じゅぎょう)　　B 分(わ)かる / やすい

A ______________________________。

B ______________________________。

② A その 薬(くすり)　　B 飲(の)む / にくい

A ______________________________。

B ______________________________。

③ A その パソコン　　B 使(つか)う / やすい

A ______________________________。

B ______________________________。

④ A 新(あたら)しい 車(くるま)　　B 乗(の)る / やすい

A ______________________________。

B ______________________________。

⑤ A 新(あたら)しい 課長(かちょう)　　B 付(つ)き合(あ)う / にくい

A ______________________________。

B ______________________________。

課長(かちょう) 과장　　付(つ)き合(あ)う 사귀다

04 다음 예와 같이 문장을 만들어 보세요.

예

→ 料理(りょうり)を 作(つく)りすぎました。

①

→ さっき、＿＿＿＿＿＿＿＿＿＿＿＿＿＿＿＿。

②

→ 昨日(きのう)、＿＿＿＿＿＿＿＿＿＿＿＿＿＿＿＿。

③

→ 今月(こんげつ)、＿＿＿＿＿＿＿＿＿＿＿＿＿＿＿＿。

④

→ この 服(ふく)は、＿＿＿＿＿＿＿＿＿＿＿＿＿＿＿＿。

⑤

→ この ネックレスは、＿＿＿＿＿＿＿＿＿＿＿＿＿＿＿＿。

체크 포인트

⑥

→ お風呂(ふろ)が、＿＿＿＿＿＿＿＿＿＿＿＿＿＿＿＿＿＿。

⑦

→ この 部屋(へや)は、＿＿＿＿＿＿＿＿＿＿＿＿＿＿＿＿＿＿。

さっき 아까　今月(こんげつ) 이번 달　熱(あつ)い 뜨겁다　狭(せま)い 좁다

MEMO

회화 체크

1. 다음 밑줄 부분을 보기의 단어로 바꿔가며 이야기해 보세요. 49

キム	どうして ⓐ 飲(の)まないんですか。
林(はやし)	昨日(きのう)、ⓑ お酒(さけ)を 飲(の)みすぎたんです。
キム	それじゃ、今日(きょう)は あまり ⓐ 飲(の)まない ほうが いいですね。
林(はやし)	ええ、ⓒ 体(からだ)の 調子(ちょうし)も よく ないし、頭(あたま)も 痛(いた)いし、今日(きょう)は やめて おきます。

보기 ⓐ 飲(の)む 마시다　ⓑ お酒(さけ)を 飲(の)む 술을 마시다
ⓒ 体(からだ)の 調子(ちょうし)が よく ない、頭(あたま)が 痛(いた)い 몸이 좋지 않다, 머리가 아프다

- 1 ⓐ 買(か)う 사다　ⓑ ショッピングする 쇼핑하다
ⓒ 高(たか)すぎる、お金(かね)が ない 너무 비싸다, 돈이 없다

- 2 ⓐ 食(た)べる 먹다　ⓑ 辛(から)い 物(もの)を 食(た)べる 매운 것을 먹다
ⓒ お腹(なか)が すいて いない、胃(い)の 調子(ちょうし)が 悪(わる)い 배가 고프지 않다, 위가 좋지 않다

2. 다음 밑줄 부분을 보기의 단어로 바꿔가며 이야기해 보세요. 50

イ　これは ちょっと ⓐ 分かりにくいですね。

吉田　何がですか。

イ　ⓑ レシートを 見て いるんですが、ⓒ 難しすぎて 分からないんです。

吉田　ⓑ レシートなら、ⓓ 店に 電話して 聞いた ほうが いいと 思いますよ。

보기
ⓐ 分かる 이해하다, 알다　ⓑ レシート 영수증
ⓒ 難しすぎて 分からない 너무 어려워서 모른다
ⓓ 店に 電話して 聞いた ほう 가게에 전화해서 묻는 편

1 ⓐ 選ぶ 고르다　ⓑ スニーカー 운동화
ⓒ 種類が 多すぎて 買えない 종류가 너무 많아서 살 수 없다
ⓓ ナイスシューズ 나이스 슈즈

2 ⓐ 使う 사용하다　ⓑ 携帯 휴대전화
ⓒ どれも 小さすぎる 전부 다 너무 작다　ⓓ G社の 携帯 G사의 휴대전화

박유리와 회사 동료가 헬스클럽에 대해
이야기 하고 있네요.

회 화

かっこいい 人も たくさん いるし… 51

同僚 ゆりさん！ 私 最近 太って しまって 運動を 始めたいんですが、どこか いい 所 知りませんか。

パク ジムなら 私が 通って いる 所が いいですよ。

同僚 えっ？ ゆりさん 今 ジムに 通って いるんですか。

パク はい、私も 最近 ちょっと 太って しまって…。

同僚 へえー、そうなんですか。そこは 一ヶ月 いくらですか。

パク それが ちょっと 高くて 15万ウォンなんです。

同僚 ええ！ それは 高すぎますよ。

パク でも、かっこいい 人も たくさん いるし、コーチも 親切だし、広いですよ。

同僚 それなら 一度 行って みます。

단어

太る 살찌다　通う 다니다　ジム 헬스클럽
一ヶ月 한 달　高すぎる 너무 비싸다　かっこいい 멋지다
コーチ 코치　広い 넓다　それなら 그렇다면, 그러면
一度 한번

듣기 연습

01 다음을 듣고 알맞은 그림을 고르세요. 52

①

a

b

②

a

b

③

a

b

④

a

b

02 다음을 듣고 맞는 것에 ○, 틀린 것에 ×를 해 보세요. 53

① Aマートは 新(あたら)しく できました。 (　　)

② Aマートの 店員(てんいん)は 親切(しんせつ)です。 (　　)

③ Bマートは きれいでは ありません。 (　　)

단어 총정리

문형연습 54

- 寒気(さむけ) 오한
- 吐(は)き気(け) 구토
- 明(あか)るい 밝다
- すごい 굉장하다
- はく 신다
- 魚(さかな) 생선
- 骨(ほね) 뼈
- テキスト 교재

체크 포인트 55

- 家賃(やちん) 집세
- 連休(れんきゅう) 연휴
- 軽(かる)い 가볍다
- 画面(がめん) 화면
- 夜景(やけい) 야경
- 東京(とうきょう)タワー 도쿄타워
- ヨンサン 용산
- デート 데이트
- ハンガン 한강
- 課長(かちょう) 과장
- 付(つ)き合(あ)う 사귀다
- 今月(こんげつ) 이번 달
- さっき 아까
- 熱(あつ)い 뜨겁다
- 狭(せま)い 좁다

회화 본문 56

- 太(ふと)る 살찌다
- 通(かよ)う 다니다, 통학하다
- ジム 헬스클럽
- 一ヶ月(いっかげつ) 한 달
- 高(たか)すぎる 너무 비싸다
- かっこいい 멋지다
- コーチ 코치
- 広(ひろ)い 넓다
- それなら 그렇다면, 그러면
- 一度(いちど) 한번

듣기 연습 57

- 店員(てんいん) 점원
- 説明(せつめい) 설명

한자 체크

高
높을 고

음독 こう　高校(こうこう) 고등학교　最高(さいこう) 최고

훈독 高(たか)い 비싸다, (키가) 크다

高 高 高

最高(さいこう)

最高 最高 最高

太
클 태

음독 たい　太陽(たいよう) 태양

훈독 太(ふと)い 굵다　太(ふと)る 살찌다

太 太 太

太陽(たいよう)

太陽 太陽 太陽

始
비로소 시

음독 し　開始(かいし) 개시　始動(しどう) 시동

훈독 始(はじ)まる 시작되다　始(はじ)める 시작하다

始 始 始

始動(しどう)

始動 始動 始動

第08課 九州(きゅうしゅう)の　ほうが　いいかも　しれません

이번 과에서는 일기예보와 퀴즈에서 많이 사용되는 추측 표현과, 어떠한 일이 일어날 수도 있다는 가능성을 예상하는 추측 표현을 알아볼게요.

1. あの　映画(えいが)、おもしろいでしょうか。
   저 영화 재미있을까요?

2. あの　映画(えいが)は　おもしろいか　どうか　分(わ)かりません。
   저 영화는 재미있을지 어떨지 모르겠습니다.

3. 道(みち)が　込(こ)んで　いますから　遅(おく)れるかも　しれません。
   길이 막히기 때문에 늦을지도 모릅니다.

문형연습

01 [보통형] + でしょう / でしょうか　~(일)것입니다 / ~(일)까요?

- 주로 일기예보나 퀴즈쇼에서 많이 사용되는 추측 표현이에요. 명사에는 그대로, ナ형용사는 어미「だ」를 떼고 접속한답니다.

▷ 明日(あした)は 雨(あめ)が 降(ふ)らない**でしょう**。

▷ 明日(あした)は 今日(きょう)より 寒(さむ)く ない**でしょう**。

▷ 地下鉄(ちかてつ)なら 間(ま)に合(あ)う**でしょうか**。

▷ 明日(あした)も いい 天気(てんき)**でしょう**。

▷ 今日(きょう)も お客(きゃく)さんが あまり 来(こ)なかったんですね。明日(あした)も 暇(ひま)**でしょうか**。

間(ま)に合(あ)う 제 시간에 맞추다　　お客(きゃく)さん 손님

02 [보통형] + か どうか 分かりません　~(할)지 어떨지 모르겠습니다

- 어떠한 상황에 대해 전혀 추측할 수 없을 때 사용하는 표현입니다. 명사에는 그대로, ナ형용사는 어미「だ」를 떼고 접속한답니다.

▷ あの 俳優(はいゆう)は 有名(ゆうめい)**か どうか 分(わ)かりません**。

▷ この 映画(えいが)は おもしろい**か どうか 分(わ)かりません**。

▷ 佐藤(さとう)さんは 行(い)く**か どうか 分(わ)かりません**。

俳優(はいゆう) 배우

03 [보통형] + かも しれません ~(일)지도 모릅니다

- 확실하지는 않지만 그러할 가능성이 있다는 것을 나타내는 추측 표현이에요. 접속하는 방법은 「~でしょう」와 같답니다.

▷ 9時(じ)までには 間(ま)に合(あ)わないかも しれません。

▷ 今(いま) 道(みち)が 込(こ)んで いますから 遅(おく)れるかも しれません。

▷ 子供用(こどもよう)の 本(ほん)ですから 簡単(かんたん)かも しれません。

▷ あ、捨(す)てないで ください。私(わたし)のかも しれません。

▷ 明日(あした)は 暑(あつ)いかも しれません。

込(こ)む 붐비다, 막히다　子供用(こどもよう) 어린이용　簡単(かんたん)だ 간단하다　捨(す)てる 버리다

체크 포인트

01 다음 그림을 보고 예와 같이 문장을 만들어 보세요.

예

会社員(かいしゃいん)です

あの 女(おんな)の人(ひと)は 会社員(かいしゃいん)かも しれません。

① 先生(せんせい)です

あの 男(おとこ)の人(ひと)は ________________。

② テニスが 上手(じょうず)です

あの 女(おんな)の子(こ)は ________________。

③ テストが 難(むずか)しい

今回(こんかい)の テストは ________________。

④ 興味(きょうみ)が あります

彼女(かのじょ)は 彼(かれ)に ________________。

⑤ 結婚(けっこん)して います
あの 男(おとこ)の人(ひと)は ＿＿＿＿＿＿＿＿＿＿＿＿＿＿＿＿＿＿＿＿。

テニス 테니스　今回(こんかい) 이번　興味(きょうみ)が ある 흥미가 있다

02 다음 예와 같이 문장을 만들어 보세요.

예
A この 映画(えいが)は おもしろいですか。
B おもしろいか どうか 分(わ)かりません。

① A 明日(あした)は 雨(あめ)が 降(ふ)りますか。
B ＿＿＿＿＿＿＿＿＿＿＿＿＿＿＿＿＿＿ 分(わ)かりません。

② A あの ホテルは きれいですか。
B ＿＿＿＿＿＿＿＿＿＿＿＿＿＿＿＿＿＿ 分(わ)かりません。

③ A 彼(かれ)は サッカーが 上手(じょうず)ですか。
B ＿＿＿＿＿＿＿＿＿＿＿＿＿＿＿＿＿＿ 分(わ)かりません。

④ A その 話(はなし)は 本当(ほんとう)ですか。
B ＿＿＿＿＿＿＿＿＿＿＿＿＿＿＿＿＿＿ 分(わ)かりません。

話(はなし) 이야기

회화 체크

•• 다음 밑줄 부분을 보기의 단어로 바꿔가며 이야기해 보세요. 58

林(はやし)	パクさんは ⓐ 恋人(こいびと)が いるでしょう。
イ	ⓐ いるか どうか 分(わ)かりませんが、キムさんなら知(し)って いるかも しれません。
キム	私(わたし)も よく 分(わ)かりませんが、パクさんは ⓑ きれいだから たぶん ⓐ いるでしょう。
林(はやし)	実(じつ)は ⓒ パクさんに 紹介(しょうかい)したい 人(ひと)が いるんですが、聞(き)いて いただけませんか。
キム	ええ、いいですよ。

보기

ⓐ 恋人(こいびと)が いる 애인이 있다

ⓑ きれいだ 예쁘다

ⓒ パクさんに 紹介(しょうかい)したい 人(ひと)が いる 박○○ 씨에게 소개하고 싶은 사람이 있다

1 ⓐ 車(くるま)を 持(も)って いる 차를 갖고 있다
ⓑ お金持(かねも)ち 부자
ⓒ パクさんに 車(くるま)を 借(か)りたい 박○○ 씨에게 차를 빌리고 싶다

2 ⓐ 花(はな)が 好(す)きだ 꽃을 좋아하다
ⓑ 女(おんな)の人(ひと) 여자
ⓒ パクさんに 花(はな)を プレゼントしたい 박○○ 씨에게 꽃을 선물하고 싶다

3 ⓐ 最近(さいきん) 忙(いそが)しい 최근 바쁘다
ⓑ 来週(らいしゅう)から 試験(しけん) 다음 주부터 시험
ⓒ パクさんを 誕生日(たんじょうび)パーティーに 招待(しょうたい)したい 박○○ 씨를 생일 파티에 초대하고 싶다

박유리가 다나카에게 일본 온천 중 어디가 좋은지 묻고 있습니다.

회화

九州の ほうが いいかも しれません 59

パク　母と 一緒に 日本の 温泉に 旅行に 行きたいんですが、どこが いいでしょうか。

田中　うーん、温泉なら やっぱり 北海道が 一番ですよ。

パク　やっぱり そうですか。今 ソウルも ちょっと 寒いんですが、北海道は 寒く ないでしょうか。私も 母も 寒いのは 嫌いですから…。

田中　それなら 九州の ほうが いいかも しれません。

パク　九州も 温泉で 有名ですか。

田中　はい、九州には 由布院も あるし、別府も あるし、温泉で とても 有名な 所なんですよ。

パク　それじゃ 九州に 決めます。

단어

- 温泉 온천　　やっぱり 역시　　北海道 홋카이도
- 九州 규슈　　～ほうが ~쪽이, ~편이
- 由布院 유후인(일본 규슈 오이타현에 있는 온천)
- 別府 벳푸(일본 규슈 오이타현에 있는 온천)　　決める 결정하다

듣기 연습

01 다음을 듣고 알맞은 그림을 골라 번호를 쓰세요. 60

a (　　)

b (　　)

c (　　)

d (　　)

02 다음을 듣고 알맞은 것을 고르세요. 61

① 山田(やまだ)さんは 今日(きょう) きっと 来(き)ます。

② 山田(やまだ)さんは 来(く)るか どうか わかりません。

③ 山田(やまだ)さんは 今日(きょう) 来(き)ません。

단어 총정리

문형연습 62

- ❏ 間(ま)に合(あ)う 제 시간에 맞추다
- ❏ お客(きゃく)さん 손님
- ❏ 俳優(はいゆう) 배우
- ❏ 込(こ)む 붐비다, 막히다
- ❏ 子供用(こどもよう) 어린이용
- ❏ 簡単(かんたん)だ 간단하다
- ❏ 捨(す)てる 버리다

체크 포인트 63

- ❏ テニス 테니스
- ❏ 今回(こんかい) 이번
- ❏ 興味(きょうみ)が ある 흥미가 있다
- ❏ 話(はなし) 이야기

회화 본문 64

- ❏ 温泉(おんせん) 온천
- ❏ やっぱり 역시
- ❏ 北海道(ほっかいどう) 홋카이도
- ❏ 九州(きゅうしゅう) 규슈
- ❏ ～ほうが ～쪽이, ～편이
- ❏ 由布院(ゆふいん) 유후인(일본 규슈 오이타현에 있는 온천)
- ❏ 別府(べっぷ) 벳푸(일본 규슈 오이타현에 있는 온천)
- ❏ 決(き)める 결정하다

듣기 연습 65

- ❏ ジャンプする 점프하다
- ❏ 誰(だれ)でも 누구나
- ❏ きっと 분명

한자 체크

有
있을 유

음독 ゆう　所有(しょゆう) 소유　有名(ゆうめい) 유명
훈독 有(あ)る 있다

有 有 有

有名(ゆうめい)

有名 有名 有名

名
이름 명

음독 めい　名物(めいぶつ) 명물
훈독 名(な) 이름　名前(なまえ) 이름

名 名 名

名前(なまえ)

名前 名前 名前

寒
추울 한

음독 かん　寒波(かんぱ) 한파
훈독 寒(さむ)い 춥다　寒気(さむけ) 오한

寒 寒 寒

寒気(さむけ)

寒気 寒気 寒気

第09課 がんばろうと 思(おも)って います

이번 과에서는 말하는 사람의 의지로 미래의 계획을 이야기하는 표현과 이미 확정된 예정을 말하는 표현에 대해 알아볼게요.

그럼, 오늘의 핵심 포인트를 살펴볼까요?

1. 健康(けんこう)の ために 運動(うんどう)を する つもりです。
   건강을 위해서 운동을 할 생각입니다.

2. 健康(けんこう)の ために 夜(よる) 遅(おそ)く 食(た)べない つもりです。
   건강을 위해서 늦은 저녁에는 먹지 않을 생각입니다.

3. 来年(らいねん) 運転免許(うんてんめんきょ)を 取(と)ろうと 思(おも)って います。
   내년에 운전면허를 따려고 생각하고 있습니다.

4. 飛行機(ひこうき)は 10時(じ)に 出発(しゅっぱつ)する 予定(よてい)です。
   비행기는 10시에 출발할 예정입니다.

문형연습

01

[동사의 기본형] + つもりです　~(할) 작정입니다
[동사의 ない형] + ない つもりです　~(하)지 않을 작정입니다

▷ 来月(らいげつ)から タバコを やめる **つもりです**。

▷ やせる ために 夜(よる)は 何(なに)も 食(た)べ**ない つもりです**。

▷ 健康(けんこう)の ために 毎日(まいにち) 公園(こうえん)を 走(はし)る **つもりです**。

やめる 끊다 (술, 담배 등)　やせる 마르다　健康(けんこう) 건강

TIP

명사 + の	ために	~을(를) 위해서
동사의 기본형		

02

[동사의 의지형] + ようと 思う　~하려고 생각하다

● 동사의 의지형은 말하는 사람의 의지를 나타내는 표현입니다. 계속 하려 했던 일을 말할 때는 의지형 뒤에 「~と 思(おも)います」를 붙여 표현해요.

	활용방법	기본형	의지형
1그룹	끝음인 [u]단을 [o]단으로 바꾼 후「う」를 붙인다	会う 만나다 待つ 기다리다 帰る (집으로)돌아가다 / 돌아오다 飲む 마시다 遊ぶ 놀다 書く 쓰다 泳ぐ 헤엄치다 話す 이야기하다	会おう 만나자 / 만나야지 待とう 기다리자 / 기다려야지 帰ろう (집으로)돌아가자 / 돌아가야지 飲もう 마시자 / 마셔야지 遊ぼう 놀자 / 놀아야지 書こう 쓰자 / 써야지 泳ごう 헤엄치자 / 헤엄쳐야지 話そう 이야기하자 / 이야기해야지
2그룹	「る」를 떼고「よう」를 붙인다	見る 보다 食べる 먹다	見よう 보자 / 봐야지 食べよう 먹자 / 먹어야지
3그룹	2개뿐이니까 외워요	来る 오다 する 하다	来よう 오자 / 와야지 しよう 하자 / 해야지

▷ 週末に 映画を 見**ようと 思います**。

▷ 来年、資格を 取**ろうと 思って います**。

資格 자격(증)　取る 따다, 취득하다

03 [동사의 기본형] + 予定です　~(할) 예정입니다

● 이미 정해져 있는 스케줄과 공식적인 일정에 대해 이야기를 할 때 많이 쓰인답니다.

▷ 一週間ぐらい 出張する **予定です**。

▷ この バスは 10時に 出発する **予定です**。

▷ 空港に 2時に 着く **予定です**。

一週間 일주일간　出張 출장　出発 출발　空港 공항　着く 도착하다

체크 포인트

01 다음 예와 같이 문장을 만들어 보세요.

예 今晩(こんばん) 何(なに)を しますか。(友達(ともだち)に 会(あ)います)
→ 友達(ともだち)に 会(あ)う つもりです。

① 土曜日(どようび)に 何(なに)を しますか。(テストの 勉強(べんきょう)を します)

→ ______________________________。

② 日曜日(にちようび)に 何(なに)を しますか。(ビデオでも 見(み)ます)

→ ______________________________。

③ 夏休(なつやす)みに 何(なに)を しますか。(家族(かぞく)と 旅行(りょこう)に 行(い)きます)

→ ______________________________。

④ ボーナスは 何(なに)に 使(つか)いますか。(新(あたら)しい パソコンを 買(か)います)

→ ______________________________。

02 다음 그림을 보고 예와 같이 문장을 만들어 보세요.

예

A 本(ほん)を 返(かえ)す　　B 来週(らいしゅう)

A 本(ほん)を 返(かえ)しましたか。

B 来週(らいしゅう) 返(かえ)そうと 思(おも)って います。

① A レポートを 出(だ)す　　B 明日(あした)

A ________________。

B ________________。

② A 晩(ばん)ご飯(はん)を 食(た)べる　　B これから

A ________________。

B ________________。

③ A メールを 送(おく)る　　B 今日(きょう)の 午後(ごご)

A ________________。

B ________________。

④ A 免許(めんきょ)を 取(と)る　　B 今年(ことし)の 冬休(ふゆやす)み

A ________________。

B ________________。

出(だ)す 제출하다, 내다　晩(ばん)ご飯(はん) 저녁밥　これから 지금부터, 이제부터　免許(めんきょ)を 取(と)る 면허를 따다　冬休(ふゆやす)み 겨울방학

체크 포인트

03 다음 표를 보고 질문에 답하세요.

金曜日(きんようび)	土曜日(どようび)	日曜日(にちようび)	月曜日(げつようび)
13日(にち) 会議(かいぎ) 3時(じ)～5時(じ)	14日(か) 日本(にほん) 出張(しゅっちょう)	15日(にち) 日本(にほん) 出張(しゅっちょう)	16日(にち) 日本(にほん) 出張(しゅっちょう)

예 会議(かいぎ)は 何時(なんじ)から 始(はじ)まりますか。
→ 会議(かいぎ)は 3時(じ)から 始(はじ)まる 予定(よてい)です。

① 会議(かいぎ)は 何時(なんじ)に 終(お)わりますか。

→ ________________________________。

② いつ 日本(にほん)に 出張(しゅっちょう)しますか。

→ ________________________________。

③ 日本(にほん)で 何泊(なんぱく)しますか。

→ ________________________________。

④ いつ 日本(にほん)から 帰(かえ)りますか。

→ ________________________________。

出張(しゅっちょう) 출장　～泊(はく) ～박

회화 체크

•• 다음 밑줄 부분을 보기의 단어로 바꿔가며 이야기해 보세요. 66

吉田(よしだ)　林(はやし)さん、明日(あした) 予定(よてい)が ありますか。

林(はやし)　ⓐ 山登(やまのぼ)りに 行(い)く つもりですが。

吉田(よしだ)　ⓑ 中間試験(ちゅうかんしけん)の ために ⓒ リンさんの 家(うち)で 勉強会(べんきょうかい)を しようと 思(おも)って いるんですが、一緒(いっしょ)に 行(い)きませんか。

林(はやし)　ええ、いいですよ。

보기　ⓐ 山登(やまのぼ)りに 行(い)く 등산을 가다　ⓑ 中間試験(ちゅうかんしけん) 중간고사
ⓒ リンさんの 家(うち)で 勉強会(べんきょうかい)を する 린 씨의 집에서 스터디를 하다

1 ⓐ 家(いえ)で テレビを 見(み)る 집에서 TV를 보다　ⓑ 気分転換(きぶんてんかん) 기분전환
ⓒ クラブへ 行(い)く 클럽에 가다

2 ⓐ 家(いえ)で ゆっくり 休(やす)む 집에서 푹 쉬다　ⓑ 面接(めんせつ) 면접
ⓒ 本屋(ほんや)で 本(ほん)を 見(み)る 서점에서 책을 보다

3 ⓐ 図書館(としょかん)で 新聞(しんぶん)を 読(よ)む 도서관에서 신문을 읽다
ⓑ 旅行(りょこう) 여행
ⓒ ABCカメラで デジカメを 買(か)う ABC카메라에서 디지털카메라를 사다

박유리가 다나카에게 건강을 위해서
무엇을 하고 있는지 묻고 있습니다.

회화

がんばろうと 思って います 67

パク　田中さんは 健康の ために 何か して いますか。

田中　いいえ、今は 何も して いませんが、これから タバコを やめようと 思って いるんです。

パク　本当ですか。

田中　ええ。難しいかも しれませんが、がんばろうと 思って います。

パク　私は 明日から 健康の ために 会社から 家まで 歩いて 帰る つもりです。

田中　会社から 家まで 歩いて どのくらい かかりますか。

パク　たぶん、2時間ぐらい かかると 思います。

田中　それは すごいですね。

단어

~の ために ~을 위해서　本当だ 정말이다
がんばる 힘내다, 분발하다　歩く 걷다
どのくらい 어느 정도　かかる 걸리다　たぶん 아마

듣기 연습

01 세 명의 사람들이 주말 계획에 대해서 이야기 하고 있습니다. 각각의 인물들의 계획을 듣고 그림에 알맞게 번호를 써 넣으세요. 68

a (　　)　　b (　　)　　c (　　)

02 다음을 듣고 맞는 것에 ○, 틀린 것에 ×를 해 보세요. 69

① イさんは 来月(らいげつ) 東京(とうきょう)に 行(い)きます。 (　　)

② 東京(とうきょう)に 一週間(いっしゅうかん) 泊(と)まります。 (　　)

③ ホテルに 泊(と)まります。 (　　)

④ まだ 予約(よやく)して いません。 (　　)

단어 총정리

문형연습 70

- ❏ やめる 끊다 (술, 담배 등)
- ❏ やせる 마르다
- ❏ 健康(けんこう) 건강
- ❏ 資格(しかく) 자격(증)
- ❏ 取(と)る 따다, 취득하다
- ❏ 一週間(いっしゅうかん) 일주일간
- ❏ 出張(しゅっちょう) 출장
- ❏ 出発(しゅっぱつ) 출발
- ❏ 空港(くうこう) 공항
- ❏ 着(つ)く 도착하다

체크 포인트 71

- ❏ 出(だ)す 제출하다, 내다
- ❏ 晩(ばん)ご飯(はん) 저녁밥
- ❏ これから 지금부터, 이제부터
- ❏ 免許(めんきょ)を 取(と)る 면허를 따다
- ❏ 冬休(ふゆやす)み 겨울방학
- ❏ 出張(しゅっちょう) 출장
- ❏ ～泊(はく) ～박

회화 본문 72

- ❏ ～の ために ～을 위해서
- ❏ 本当(ほんとう)だ 정말이다
- ❏ がんばる 힘내다, 분발하다
- ❏ 歩(ある)く 걷다
- ❏ どのくらい 어느 정도
- ❏ かかる 걸리다
- ❏ たぶん 아마

듣기 연습 73

- ❏ お久(ひさ)しぶり 오랜만
- ❏ 泊(と)まる 묵다, 머물다

한자 체크

止
멈출 지

음독 し　禁止(きんし) 금지　中止(ちゅうし) 중지

훈독 止(と)まる 멈추다　止(と)める 세우다　止(や)む 그치다

止 止 止

中止(ちゅうし)

中止 中止 中止

歩
걸을 보

음독 ほ / ぽ　歩道(ほどう) 보도　散歩(さんぽ) 산책

훈독 歩(ある)く 걷다

歩 歩 歩

散歩(さんぽ)

散歩 散歩 散歩

難
어려울 난

음독 なん　災難(さいなん) 재난　難民(なんみん) 난민

훈독 難(むずか)しい 어렵다

難 難 難

難民(なんみん)

難民 難民 難民

第10課 雨(あめ)が 降(ふ)っても 行(い)きます

이번 과에서는 허구의 세계나 어떠한 일이 일어난 후를 가정하는 가정 · 조건법에 대해 알아보고, 또 그 반대되는 표현에 대해서도 공부할게요.

1. もし 明日(あした) 天気(てんき)が よかったら 遊(あそ)びに 行(い)きませんか。

   만약 내일 날씨가 좋으면 놀러 가지 않겠습니까?

2. 駅(えき)に 着(つ)いたら 電話(でんわ)して ください。

   역에 도착하면 전화주세요.

3. コーヒーを たくさん 飲(の)んでも よく 眠(ねむ)れます。

   커피를 많이 마셔도 잘 잘 수 있습니다.

4. お金(かね)が なくても 旅行(りょこう)には 行(い)く つもりです。

   돈이 없어도 여행은 갈 생각입니다.

문형연습

01 ～たら（だら）　～하면, ～라면

「～たら」는 우리말의 '～면'이라는 의미로 가정 조건형이랍니다. 만드는 방법은 명사 / 형용사 / 동사의 보통체 과거형에「ら」를 붙이면 되요.

	활용방법		기본형	～たら
명사	기본형 + だった	+ら	休(やす)み 휴일	休(やす)みだったら 휴일이라면
ナ형용사	기본형「～~~だ~~」+ だった		暇(ひま)だ 한가하다	暇(ひま)だったら 한가하면
イ형용사	기본형「～~~い~~」+ かった		おいしい 맛있다	おいしかったら 맛있으면
동사	동사의 た형		食(た)べる 먹다	食(た)べたら 먹으면

TIP
＊부정은
～ない → ～なかったら

▷ 天気(てんき)が よかっ**たら** 散歩(さんぽ)に 行(い)きませんか。

▷ 林先生(はやしせんせい)に 会(あ)っ**たら** この 話(はなし)を 聞(き)いて みようと 思(おも)って います。

▷ もし 私(わたし)が お金持(かねも)ちだっ**たら** 世界旅行(せかいりょこう)を したいです。

▷ 家(いえ)に 着(つ)い**たら** 電話(でんわ)して ください。

▷ 仕事(しごと)が 終(お)わっ**たら** 飲(の)みに 行(い)きましょう。

天気(てんき) 날씨　散歩(さんぽ) 산책　お金持(かねも)ち 부자　世界旅行(せかいりょこう) 세계여행

02 ～ても（でも）　～해도, ～라도

「～ても」는 '～해도, ～라도'라는 의미로 역접의 조건을 나타냅니다.

	활용방법		기본형	～ても
명사	기본형 + で	+も	休み 휴일	休みでも 휴일이라도
ナ형용사	기본형「～~~だ~~」+ で		暇だ 한가하다	暇でも 한가해도
イ형용사	기본형「～~~い~~」+ くて		おいしい 맛있다	おいしくても 맛있어도
동사	동사의 て형		食べる 먹다	食べても 먹어도

TIP
＊부정은
～ない → ～なくても

▷ コーヒーを たくさん 飲んでも 夜 よく 眠れます。

▷ 私は 結婚しても 仕事は やめません。

▷ 雨でも 遊びに 行きます。

▷ 暑くても クーラーを つけません。

▷ きれいでも 性格が 悪かったら 付き合いたく ありません。

眠る 자다, 잠들다　性格 성격

체크 포인트

01 다음 그림을 보고 예와 같이 문장을 만들어 보세요.

예 遊(あそ)びに 行(い)く / テストが 終(お)わる

A 遊(あそ)びに 行(い)きたいんですが。

B テストが 終(お)わったら 遊(あそ)びに 行(い)きましょう。

① 山登(やまのぼ)りに 行(い)く / 風邪(かぜ)が 治(なお)る

A ________________________________。

B ________________________________。

② 食事(しょくじ)する / キムさんの おごり

A ________________________________。

B ________________________________。

③ 映画(えいが)を 見(み)る / 明日(あした) 暇(ひま)だ

A ________________________________。

B ________________________________。

④ ドライブする / 明日(あした) 天気(てんき)が いい

A ________________________________。

B ________________________________。

山登(やまのぼ)り 등산　治(なお)る (병이) 낫다　おごり 한턱 씀

02 다음 그림을 보고 예와 같이 문장을 만들어 보세요.

예 道が 込む

A 道が 込んだら どうしますか。

B 道が 込んでも 行こうと 思います。

① 残業が ある

A ＿＿＿＿＿＿＿＿＿＿＿＿。

B ＿＿＿＿＿＿＿＿＿＿＿＿。

② 合コンの 相手が きれいじゃない

A ＿＿＿＿＿＿＿＿＿＿＿＿。

B ＿＿＿＿＿＿＿＿＿＿＿＿。

③ 体調が よく ない

A ＿＿＿＿＿＿＿＿＿＿＿＿。

B ＿＿＿＿＿＿＿＿＿＿＿＿。

④ 明日 雨

A ＿＿＿＿＿＿＿＿＿＿＿＿。

B ＿＿＿＿＿＿＿＿＿＿＿＿。

残業 잔업　合コン 미팅　相手 상대　体調 몸 상태, 컨디션

체크 포인트

03 다음 그림을 보고 예와 같이 문장을 만들어 보세요.

예 朝寝坊(あさねぼう)する / 学校(がっこう)を サボる

A 朝寝坊(あさねぼう)したら 学校(がっこう)を サボりますか。

B いいえ、朝寝坊(あさねぼう)しても 学校(がっこう)は サボりません。

① 有名(ゆうめい)な 人(ひと) / サインを もらう

A ＿＿＿＿＿＿＿＿＿＿＿＿＿＿＿＿。

B ＿＿＿＿＿＿＿＿＿＿＿＿＿＿＿＿。

② 便利(べんり)だ / この カメラを 買(か)う

A ＿＿＿＿＿＿＿＿＿＿＿＿＿＿＿＿。

B ＿＿＿＿＿＿＿＿＿＿＿＿＿＿＿＿。

③ ストレスが たまる / タバコを 吸(す)う

A ＿＿＿＿＿＿＿＿＿＿＿＿＿＿＿＿。

B ＿＿＿＿＿＿＿＿＿＿＿＿＿＿＿＿。

④ 授業(じゅぎょう)が おもしろく ない / 寝(ね)る

A ＿＿＿＿＿＿＿＿＿＿＿＿＿＿＿＿。

B ＿＿＿＿＿＿＿＿＿＿＿＿＿＿＿＿。

サイン 사인　　ストレスが たまる 스트레스가 쌓이다

회화 체크

다음 밑줄 부분을 보기의 단어로 바꿔가며 이야기해 보세요. 74

先生(せんせい)	みなさん、ⓐ 明日(あした) 雨(あめ)が 降(ふ)ったら、ⓑ チヂミでも 作(つく)って 食(た)べましょうか。
学生(がくせい)1	本当(ほんとう)ですか。
学生(がくせい)2	先生(せんせい)、では、ⓒ 晴(は)れたら やめるんですか。
先生(せんせい)	そうですね…、どうしましょうか。
学生(がくせい)2	ⓒ 晴(は)れても ⓑ 作(つく)って 食(た)べたいです。
先生(せんせい)	じゃ、そうしましょう。

보기 ⓐ 明日(あした) 雨(あめ)が 降(ふ)る 내일 비가 오다 ⓑ チヂミを 作(つく)って 食(た)べる 부침개를 만들어 먹다
ⓒ 晴(は)れる 맑다

1 ⓐ 午後(ごご) 暇(ひま)だ 오후에 한가하다 ⓑ コーヒーを 飲(の)む 커피를 마시다
ⓒ 忙(いそが)しい 바쁘다

2 ⓐ 今週(こんしゅう)の 土曜日(どようび) 天気(てんき)が いい 이번 주 토요일 날씨가 좋다
ⓑ ドライブを する 드라이브를 하다
ⓒ 天気(てんき)が よく ない 날씨가 좋지 않다

3 ⓐ 今度(こんど)の 試験(しけん)に みんな 受(う)かる 이번 시험에 모두 붙다
ⓑ 旅行(りょこう)に 行(い)く 여행을 가다
ⓒ 誰(だれ)かが 落(お)ちる 누군가가 떨어지다

박유리와 다나카가 캠핑을 가는 것에 대해 이야기하고 있습니다.

회화

雨(あめ)が 降(ふ)っても 行(い)きます 75

パク 明日(あした)の キャンプ、楽(たの)しみですね。

田中 ええ、キャンプは 久(ひさ)しぶりなので ドキドキして います。

パク 私(わたし)もです。

田中 明日(あした) 天気(てんき)が よかったら いいですね。
今(いま) ちょっと 曇(くも)って いるので 心配(しんぱい)です。

パク そうですね。もし 明日(あした) 雨(あめ)が 降(ふ)ったら 田中(たなか)さんは どう しますか。

田中 私(わたし)は 雨(あめ)が 降(ふ)っても 行(い)きます。ゆりさんは？

パク 私(わたし)も 行(い)く つもりですが、安田(やすだ)さんは 雨(あめ)が 降(ふ)ったら 行(い)かない そうです。

田中 えっ？ そうなんですか。じゃ、ミナさんは?

パク ミナさんは 雨(あめ)が 降(ふ)っても 行(い)く そうです。

단어

キャンプ 캠프　楽(たの)しみ 기대됨　久(ひさ)しぶり 오랜만에
ドキドキする 두근두근하다　曇(くも)る 흐리다　心配(しんぱい) 걱정

듣기 연습

01 다음을 듣고 아래의 빈칸에 알맞은 말을 넣으세요. 76

① 明日(あした) 雨(あめ)だったら ＿＿＿＿＿＿＿＿＿＿。

② 性格(せいかく)が 悪(わる)かったら、きれいでも ＿＿＿＿＿＿＿＿＿＿。

③ 値段(ねだん)が 高(たか)くても ＿＿＿＿＿＿＿＿＿＿。

④ 授業(じゅぎょう)が 終(お)わったら ＿＿＿＿＿＿＿＿＿＿。

02 다음을 듣고 맞는 것에는 ○, 틀린 것에는 ×를 하세요. 77

① イさんは 来年(らいねん) 結婚(けっこん)します。 (　　)

② イさんは 結婚(けっこん)したら 会社(かいしゃ)を やめます。 (　　)

③ イさんは 仕事(しごと)が 好(す)きです。 (　　)

④ イさんは 子供(こども)が できたら 会社(かいしゃ)を やめるかも しれません。 (　　)

단어 총정리

문형연습 78

- ❏ 天気(てんき) 날씨
- ❏ お金持(かねも)ち 부자
- ❏ 眠(ねむ)る 자다, 잠들다
- ❏ 散歩(さんぽ) 산책
- ❏ 世界旅行(せかいりょこう) 세계여행
- ❏ 性格(せいかく) 성격

체크 포인트 79

- ❏ 山登(やまのぼ)り 등산
- ❏ 治(なお)る (병이) 낫다
- ❏ おごり 한턱 씀
- ❏ 残業(ざんぎょう) 잔업
- ❏ 合(ごう)コン 미팅
- ❏ 相手(あいて) 상대
- ❏ 体調(たいちょう) 몸 상태, 컨디션
- ❏ サイン 사인
- ❏ ストレスが たまる 스트레스가 쌓이다

회화 본문 80

- ❏ キャンプ 캠프
- ❏ 久(ひさ)しぶり 오랜만에
- ❏ 曇(くも)る 흐리다
- ❏ 楽(たの)しみ 기대됨
- ❏ ドキドキする 두근두근하다
- ❏ 心配(しんぱい) 걱정

듣기 연습 81

- ❏ 付(つ)き合(あ)う 사귀다
- ❏ 値段(ねだん)が 高(たか)い 가격이 비싸다
- ❏ 性格(せいかく)が 悪(わる)い 성격이 나쁘다
- ❏ 続(つづ)ける 계속하다

한자 체크

大 큰 대

음독 だい / たい　大学(だいがく) 대학　大変(たいへん) 힘듦

훈독 大(おお)きい 크다

大 大 大

大学(だいがく) 大学 大学 大学

大変(たいへん) 大変 大変 大変

雨 비 우

음독 う　雨天(うてん) 우천

훈독 雨(あめ) 비

雨 雨 雨

雨天(うてん) 雨天 雨天 雨天

降 내릴 강

음독 こう　下降(かこう) 하강

훈독 降(ふ)る (비, 눈이) 내리다　降(お)りる (버스 등에서) 내리다

降 降 降

下降(かこう) 下降 下降 下降

쉬어가기

「夕方(ゆうがた) 8時(じ)に 会(あ)いましょう？」

한국인이 '저녁 8시에 만납시다'라고 일본인에게 말을 할 때, 일본어로 「夕方(ゆうがた) 8時(じ)に 会(あ)いましょう」라고 하면 일본인에게는 좀 어색하게 들릴 수도 있습니다. 한일사전을 보면 '저녁'은 「夕方(ゆうがた)」, '밤'은 「夜(よる)」, 그리고 '새벽'은 「明(あ)け方(がた)」라고 나와 있는 것이 대부분이지만, 사실 한국어의 '저녁', '밤'과 일본어의 「夕方(ゆうがた)」, 「夜(よる)」는 약간 차이가 있답니다.

일본 기상청에 의하면 일본어의 「夕方(ゆうがた)」는 15시부터 18시까지, 「夜(よる)」는 18시부터 24시, 「明(あ)け方(がた)」는 오전3시부터 6시까지라고 합니다. 하지만 이러한 구별도 사람에 따라 차이가 있어서 「夕方(ゆうがた)」를 16시부터 일몰까지, 「明(あ)け方(がた)」를 오전 4시부터 해돋이까지라고 생각하는 일본인들도 많습니다. 그러므로 시각을 일본어로 말할 때에는, 좀 딱딱하지만 '오전 ~시', '오후 ~시'라고 하는 것이 무난하겠지요?

독해 1

• 다음 내용을 잘 읽고 맞으면 O, 틀리면 X표를 하세요.

うちの 父は 太って いて、頭も はげて います。それに 首も 太くて 脚も 短いから、ちょっと カバに 似て います。母は、父に 会う サイズの 服を 見つけるのが 大変だと いつも 言います。でも、若い 時の 写真では、父は とても やせて います。私の 友達は みんな 父が 怖い 感じが すると 言います。でも、本当は とても 優しくて、ユーモアも あります。

父は 医者ですから、私も 母も 体の 具合が 悪くても あまり 心配しなくても いいです。父の 病院は 遠いです。それで、朝 早く 家を 出なければ なりません。ちょっと かわいそうですが、うちの 父は 体が 丈夫ですから、病院を 休んだ ことは まだ 一度も ありません。

(1) (　　) この 人は お父さんが 頭が はげて いるから、カバに 似て いると 思って います。

(2) (　　) 昔から この お父さんは 太って いました。

(3) (　　) 友達は お父さんを 見て 優しいと 思って います。

(4) (　　) この 人は、お父さんが かわいそうだと 思って います。

단어

- 太って いる 뚱뚱하다
- はげる 머리가 벗겨지다
- 首 목
- 太い 굵다
- 脚 다리
- 短い 짧다
- カバ 하마
- 似て いる 닮다
- サイズ 사이즈
- 服 옷
- 見つける 발견하다, 찾다
- 若い 젊다
- やせて いる 날씬하다
- 怖い 무섭다
- 感じが する 느낌이 들다
- 優しい 자상하다
- ユーモア 유머
- 体の 具合 몸 상태
- 心配する 걱정하다
- 遠い 멀다
- それで 그래서
- 家を 出る 집을 나서다
- かわいそうだ 불쌍하다
- 丈夫だ 튼튼하다

독해 2

- 다음은 아파트 주민이 관리인에게 전화로 불편함을 호소하는 내용입니다. 내용을 읽고 질문에 답해 보세요.

キム　もしもし、管理人(かんりにん)さんですか。

管理人　はい、そうですが。

キム　203の キムですが、となりの 人(ひと)が うるさくて 困(こま)って いるんです。

管理人　202の 方(かた)ですか。

キム　はい。毎日(まいにち)、大(おお)きい 声(こえ)で 歌(うた)を 歌(うた)って。

管理人　そうですか。

キム　もう 夜(よる)なのに、うるさくて 寝(ね)られません。

管理人　それは 困(こま)りましたね。

キム　となりの 人(ひと)に 言(い)いに 行(い)きたいんですが、言(い)いにくくて 行(い)く ことが できなくて…。

管理人　わかりました。私(わたし)が 代(か)わりに 言(い)いに 行(い)きます。

キム　どうも、すみません。お願(ねが)いします。

（1）キムさんは なぜ 困(こま)って いますか。

① となりの 人(ひと)が 寝(ね)られないから。

② 夜(よる)なのに 話(はな)す ことが できないから。

③ となりの 人(ひと)が うるさいから。

（2）管理人(かんりにん)さんは 202の 人(ひと)に 何(なん)と 言(い)うと 思(おも)いますか。

① 夜(よる)、歌(うた)を 歌(うた)わない ように 言(い)う。

② 歌(うた)を 小(ちい)さい 声(こえ)で 歌(うた)う ように 言(い)う。

③ 早(はや)く 寝(ね)る ように 言(い)う。

단어

- もしもし 여보세요
- 管理人(かんりにん) 관리인
- となり 옆 집
- うるさい 시끄럽다
- 困(こま)る 곤란하다
- 方(かた) 분('사람'의 높임말)
- 毎日(まいにち) 매일
- 声(こえ) 목소리
- 歌(うた)を 歌(うた)う 노래를 부르다
- もう 벌써, 이미
- 夜(よる) 저녁
- 代(か)わりに 대신에
- お願(ねが)いする 부탁하다

금요일
주
도쿄
오사카
고토
도
오사카
오사카
22시 — 버스 — 7시
도쿄
8시 — 신칸센 — 11시

단어

- 旅行(りょこう)する 여행하다
- 友達(ともだち) 친구
- 二人(ふたり)で 둘이서
- 準備(じゅんび)する 준비하다
- 計画(けいかく)を立(た)てる 계획을 세우다
- スカート 스커트
- 傘(かさ) 우산
- スーツケース 여행용 가방
- リュックサック 배낭
- バス 버스
- 服(ふく) 옷
- 多(おお)い 많다
- 晴(は)れる 맑다
- 地図(ちず) 지도
- たこ焼(や)き 다코야키(음식이름)
- ～なら ~라면
- 大阪(おおさか) 오사카
- 有名(ゆうめい)だ 유명하다
- 温泉(おんせん) 온천
- 起(お)きる 일어나다
- ジーンズ 청바지
- 重(おも)い 무겁다
- ～すぎる 너무 ~하다
- ～ようと思(おも)う ~(하)려고 생각하다
- 予定(よてい) 예정
- 新幹線(しんかんせん) 신칸센
- お寺(てら) 절
- 東京(とうきょう)タワー 도쿄타워
- 鹿(しか) 사슴

지금까지 나온 듣기연습의
스크립트와 정답을 꼼꼼하게
체크해 보세요!

듣기 스크립트 및 정답

듣기 스크립트 및 정답

第1課 日本(にほん)の 歌(うた)が 歌(うた)えますか

01

① パクさんは 海(うみ)で 泳(およ)げます。

② 林(はやし)さんは 運転(うんてん)が できます。

③ イさんは ケーキが 焼(や)けます。

④ 田中(たなか)さんは 上手(じょうず)に 髪(かみ)が 切(き)れます。

정답 ① - d　② - b　③ - a　④ - c

02

A キムさん。これ、いつの 写真(しゃしん)ですか。

B 今年(ことし)のですよ。家族(かぞく)と 一緒(いっしょ)に 海(うみ)に 遊(あそ)びに 行(い)きました。

A いいですね。ここは　どこですか。きれいですね。

B プサンです。

A 海(うみ)で 泳(およ)ぎましたか。

B いいえ、私(わたし)は 泳(およ)げませんよ。料理(りょうり)を 作(つく)ったり、写真(しゃしん)を 撮(と)ったり しました。

A この 写真(しゃしん)も キムさんが 撮(と)りましたか。上手(じょうず)に 撮(と)れましたね。

B ありがとう　ございます。

정답 ③

第2課 パクゆりの 日記(にっき)

01

A もしもし、パクさん？私(わたし) 中田(なかた)だけど。今週(こんしゅう)の 日曜日(にちようび)、一緒(いっしょ)に 映画(えいが)を 見(み)に 行(い)かない？

B 今週(こんしゅう)の 日曜日(にちようび)？アルバイトが あるから、行(い)けないよ。

A そう、残念(ざんねん)。じゃ 土曜日(どようび)は どう？

B 土曜日(どようび)は いいよ。何時(なんじ)に 会(あ)う？

A 6時(じ)に 学校(がっこう)の 前(まえ)で 会(あ)わない？

B うん、いいよ。土曜日(どようび)ね。

정답 토요일 6시에 학교 앞에서

듣기 스크립트 및 정답

02

昨日(きのう)、キョンジュに 遊(あそ)びに 行(い)った。キョンジュに 行(い)って、友達(ともだち)に 会(あ)った。友達(ともだち)は とても 元気(げんき)だった。

キョンジュは とても きれいな 町(まち)だった。天気(てんき)も よくて 涼(すず)しかった。昼(ひる)は 古(ふる)い お寺(てら)を 見(み)た。

夜(よる)は 友達(ともだち)と お酒(さけ)を 飲(の)みに 行(い)った。お酒(さけ)を 飲(の)みながら、たくさん 話(はな)した。お酒(さけ)も つまみも おいしかった。

11時(じ)に 汽車(きしゃ)で ソウルに 帰(かえ)った。また 行(い)きたい。

정답 ①-○ ②-X ③-○ ④-X

第3課 彼女(かのじょ)は 結婚(けっこん)して いる そうです

01

① イさんは 来年(らいねん) 結婚(けっこん)します。

② この 映画(えいが)は 日本(にほん)でも 人気(にんき)が あります。

③ キムさんは まだ 彼女(かのじょ)が いません。

④ 明日(あした)は 今日(きょう)より 寒(さむ)いです。

정답

①-来年(らいねん) 結婚(けっこん)する

②-日本(にほん)でも 人気(にんき)が ある

③-まだ 彼女(かのじょ)が いない

④-今日(きょう)より 寒(さむ)い

02

A 山本先生(やまもとせんせい)の 授業(じゅぎょう)は やっぱり おもしろいね。

B そう。でも 山本先生(やまもとせんせい) もうすぐ やめる そうだよ。

A え？ どうして？

B 結婚する そうだよ。日本で。

A 相手は 誰？

B 会社員だ そうだよ。

A じゃ、新しい 先生が 来るね。

B うん、新しい 先生も 美人だ そうだけど…。山本先生より おもしろく ないと 思う。

정답 ① - X ② - ○ ③ - X ④ - X ⑤ - ○

第４課 韓国が 勝つ はずです

01

A コンコン。

B どうしたの、ムンさん、せきを して。熱、ある？

A よく わからない。

B 顔も とても 赤いよ。早く 家に 帰って 休んだ ほうが いいよ。

정답 ①

02

A 英語が 上手な 人 知って いますか。

B キムさんは どうですか。キムさんは イギリスに 4年間 住んでいたらしいです。

A そうですか。今、何を して いますか。

B 今、韓国で 英会話を 教えて いる そうです。

정답 ① - X ② - ○ ③ - X

第５課 趣味は 本を 読む ことです

01

① バスが なかなか 来なかったので 遅刻しました。

② 彼女は きれいなのに 人気が ありません。

③ 今日は 他に 用事が あるので 飲みに 行けません。

듣기 스크립트 및 정답

④ 一生懸命 勉強したのに 試験に 落ちました。

정답 ①-a ②-b ③-b ④-b

02

A あの きれいな 人は だれですか。
B どの 人ですか。
A 黒い スカートを はいて 隣の 人と 話して いる 人です。
B ああ、あの 人ですか。パクさんです。
A 隣で 話して いる 人は だれですか。
B めがねを かけて いる 人ですか。田中さんですよ。
A あの、あそこで 一人で 座って いる 人は？
B キムさんですよ。

정답 ①-パクさん ②-田中さん ③-キムさん

第６課 どうしたんですか

01

① A どうしたんですか。
B 頭が 痛いんです。

② A どうしたんですか。
B 彼女と 別れたんです。

③ A どうしたんですか。
B 彼に プロポーズされたんです。

정답 a-② b-③ c-①

02

A 林さん、どうしたんですか。
B お腹が 痛いんです。昨日 飲みすぎましたから。
A もう。お酒は たくさん 飲まない ほうが いいですよ。それで 病院には 行ったんですか。
B いいえ、まだです。
A 早く 病院に 行った ほうが いいと 思いますよ。

듣기 스크립트 및 정답

B でも 痛(いた)くて…。病院(びょういん)まで 一緒(いっしょ)に 行(い)って いただけませんか。

A もちろん いいですよ。

B ありがとう ございます。

정답 ④

第７課 かっこいい 人(ひと)も たくさん いるし…

01

① この 靴(くつ)は はきやすいです。

② この 魚(さかな)は 食(た)べにくいです。

③ この パソコンは 使(つか)いやすいです。

④ この 本(ほん)は 分(わ)かりにくいです。

정답 ①-b ②-b ③-a ④-b

02

A パソコンを 買(か)いたいんですが。

B そうですか。パソコンなら Aマートですよ。新(あたら)しい パソコンも たくさん あるし、店員(てんいん)さんも 親切(しんせつ)だし…。

A そうですか。Bマートは どうですか。

B 新(あたら)しく できた Bマートですか。きれいですが、店員(てんいん)が 親切(しんせつ)じゃ ないんです。説明(せつめい)も あまり して くれないし。

A そうですか。じゃ、Aマートに 行(い)って みます。

정답 ①-X ②-○ ③-X

第8課 九州(きゅうしゅう)の ほうが いいかも しれません

01

① 目(め)が 赤(あか)いです。いつも ジャンプして います。これは 何(なん)でしょうか。

② 誰(だれ)でも 持(も)って います。これで 電話(でんわ)する ことが できます。これは 何(なん)でしょうか。

③ 東京(とうきょう)タワーが あります。温泉(おんせん)と すしが 有名(ゆうめい)です。ここは どこでしょうか。

④ 勉強(べんきょう)しなければ なりません。朝(あさ) 早(はや)く 起(お)きて 学校(がっこう)に 行(い)きます。誰(だれ)でしょうか。

정답 a-④　b-②　c-①　d-③

02

A 山田(やまだ)さん 来(こ)ないですね。

B 仕事(しごと)が 忙(いそが)しいと 言(い)って いましたよ。今日(きょう)は 来(こ)られないかも しれませんね。

A でも 約束(やくそく)だから…。

B もう ちょっと 待(ま)ちましょうか。

A そう しましょう。

정답 ②

第9課 がんばろうと 思(おも)って います

01

① 週末(しゅうまつ)に 友達(ともだち)と 買(か)い物(もの)に 行(い)く つもりです。服(ふく)を 買(か)おうと 思(おも)って います。

② 今週(こんしゅう)は 仕事(しごと)が 忙(いそが)しくて 疲(つか)れましたから、家(いえ)で ゆっくり 休(やす)もうと 思(おも)って います。

③ 日本(にほん)に 旅行(りょこう)に 行(い)く つもりです。温泉(おんせん)にも 入(はい)る つもりです。

듣기 스크립트 및 정답

정답 a - ③　b - ①　c - ②

02

A イさん お久しぶりです。

B 林さん、お久しぶり。私、来月、日本に 行くんです。

A いいですね。日本の どこに 行くんですか。

B 東京に 行きます。3泊4日で 行く つもりです。

A どこに 泊まりますか。

B ホテルに 泊まる 予定です。もう 予約も しました。

정답 ① - ○　② - X　③ - ○　④ - X

第10課 雨が 降っても 行きます

01

① 明日 雨だったら 行きますか。

② きれいだったら 付き合いますか。

③ 値段が 高かったら 買いますか。

④ 授業が 終わったら すぐ 家に 帰りますか。

정답

① - 行きません

② - 付き合いません

③ - 買います

④ - すぐ 家に 帰ります

02

A イさん。おめでとう ございます。来月 結婚する そうですね。

B ありがとう ございます。

A 結婚したら 会社は 辞める つもりですか。

B いいえ、ちょっと 休んで また 働く つもりですよ。

A そうなんですか。

B ええ、この 仕事(しごと)が とても 好(す)き なんです。ずっと 続(つづ)けたいんですが、もし 子供(こども)が できたら やめるかも しれません。

정답 ① - X ② - X ③ - ○ ④ - ○

EASY ICHIBAN 일본어 초급 3

초판발행	2010년 8월 30일
1판 6쇄	2025년 2월 5일
감수	김조웅
저자	박나리, 김선혜, 김선리, 田立いずみ
책임 편집	조은형, 김성은, 오은정, 무라야마 토시오
펴낸이	엄태상
콘텐츠 제작	김선웅, 장형진
마케팅	이승욱, 왕성석, 노원준, 조성민, 이선민
경영기획	조성근, 최성훈, 김다미, 최수진, 오희연
물류	정종진, 윤덕현, 신승진, 구윤주
펴낸곳	시사일본어사(시사북스)
주소	서울시 종로구 자하문로 300 시사빌딩
주문 및 교재 문의	1588-1582
팩스	0502-989-9592
홈페이지	www.sisabooks.com
이메일	book_japanese@sisadream.com
등록일자	1977년 12월 24일
등록번호	제 300-2014-92호

ISBN 978-89-402-7236-7 18730
978-89-402-7238-1 18730 [set]

＊ 이 책의 내용을 사전 허가 없이 전재하거나 복제할 경우 법적인 제재를 받게 됨을 알려 드립니다.
＊ 잘못된 책은 구입하신 서점에서 교환해 드립니다.
＊ 정가는 표지에 표시되어 있습니다.